추부길 목사의
행복찌개를 끓이는 남자

추부길 목사의
행복찌개를 끓이는 남자

2002년 4월 11일 초판 1쇄 발행

펴낸곳 한국가정사역연구소

지은이 추부길
펴낸이 추부길

등록 1998. 6. 26 제 10-1609호
주소 110-601 서울 광화문 우체국 사서함 130호
전화 (02)766-8366
팩스 (02)3676-7113
홈페이지 www.kofam.tv
E-mail kofamlove@hanmail.net

표지디자인 장정윤
출력 한국가정사역연구소
인쇄 타라그래픽스
제본 타라그래픽스

KDC 234
ISBN 89-88446-25-9 03230
값 7,000원

추부길 목사의
행복찌개를 끓이는 남자

한국가정사역연구소

CONTENTS

7 ▶ 59

1 깔끔이 남편과 털털이 아내

행복찌개를 끓이는 남자 • 9
행복하십니까? • 13
당신 뭘 믿고 그렇게 예뻐? • 17
깔끔이 남편과 털털이 아내 • 21
날마다 마음의 유리를 닦으세요! • 26
나름대로 이유가 있겠지요 • 30
사랑은 가장 가까운 이웃부터 • 34
눈으로 말합시다 • 38
사랑의 편지를 씁시다 • 42
붕어빵 찍듯 닮아가는 자녀 • 47
나에 대한 하나님의 관심 • 52
나는 빚진 자입니다 • 56

61 ▶ 115

2 5 - 3 = 2
2 + 2 = 4

우리가정의 비자금 • 63
모든 게 내 탓입니다 • 66
결혼이 '비난 허가증'인가? • 70
듣는 것이 말하기보다 더 어렵다! • 75
5-3=2, 2+2=4 • 80
행복한 가정을 만드는 9가지 비결 • 88
높이 나는 새가 멀리 볼 수 있다! • 98
결혼은 거듭나는 것입니다 • 102
신세대 결혼, 영적 혼수감이 필요하다! • 106
떠남의 원리와 진정한 효도 • 111

CONTENTS

117 ▶ 184

38년만의 포옹 • 119
나는 뒤끝 없는 사람 • 124
여자는 파도와 같습니다 • 130
여자는 말하는 재미로 산다 • 135
간 큰 남자, 간 큰 여자 • 140
아내의 건강은 곧 나의 건강 • 145
돕는 배필, 바라는 배필, 포기한 배필 • 151
남편을 위한 투자 • 155
결론만 말하라 굽쇼? • 161
성격차이 때문에 못살겠다구요? • 168
부부싸움을 합시다 • 175
기도의 잠옷을 입읍시다! • 180

3 간 큰 남자 간 큰 여자

185 ▶ 210

'겉사람'도 꾸밉시다! • 187
나의 아내가 가장 아름답다! • 193
아내들이여, 남편에게 보약을! • 197
남자는 전기다리미, 여자는 장작불 • 201
나이가 들면 성생활을 할 수 없나요? • 206

4 남자는 전기다리미 여자는 장작불

CONTENTS

211 ▶ 239

5 아버지!
오랫만입니다

아버지! 오랫만입니다 • 213
내 마음을 봐 주세요 • 217
아이 방을 치울 때마다 화가나요 • 222
남편도 태교를 해야 한다? • 226
재왕절개, 이제 그만! • 230
가까이 하기엔 너무 먼 '시부모'? • 235

1 깔끔이 남편과 털털이 아내

부부들이 싸우는 것을 보면 '진리'에 목숨 거는 사람들은 드물다.
거의 대부분이 사소한 것에 목숨을 걸고 싸운다.
하지만, 분명한 것은 '나와 다른 것'은 '다를 뿐'이지
'틀린 것은 아니다'라는 사실이다.

추부길 목사의
행복찌개를 끓이는 남자

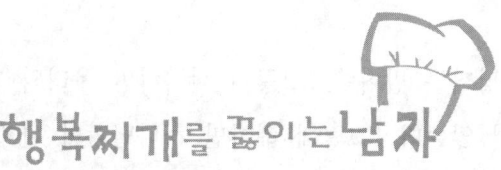
행복찌개를 끓이는 남자

나는 오늘도 행복 찌개를 끓인다. 아내를 바라보며 미소도 지어주고, '역시 당신이 최고!'라고 말도 해 준다. 남편의 사랑을 먹고사는 아내이기에 사랑을 전해주는 것이다. 연약해서 깨어지기 쉬운 그 아내를 귀하게 여기면서 오늘도 살아가고 있다.

우리가 이 땅에서 행복을 누리고 살아가는 것은 하나님께서 진정으로 원하시는 것이다.

분복으로 받은 아내와 함께 즐겁게 살라(전도서 9:9)

주님의 말씀은 이 시대를 살아가는 우리에게도 그대

로 해당되는 말이다. 그렇게 살아야만 우리의 기도가 막히지 않는다. 그렇게 해야만 하나님과의 관계도 바로 설 수 있다. 당연히 행복하게 살아야 하지 않겠는가?

우선, 날마다 아내에게 감사의 마음을 표시하자. 내 몸 건사하기도 힘든데 무슨 감사냐고 말할 지도 모르겠다. 그러나 아내는 나를 믿고 인생을 던진 사람이다. 그 어찌 모든 것이 감사하지 않으랴! 더불어 날마다 손을 잡아주고 입맞춤도 해 주자. 사랑을 담은 남편의 그 접촉이 아내를 부드럽게 만든다. 아침에 일어나면 아내를 위해 축복기도를 해 주자! 그 축복이 아내의 하루를 복되게 만든다. 아내가 받은 복은 남편에게 다시 넘치도록 돌아오도록 되어 있다. 그러한 축복이 오히려 자신을 복되게 만든다.

이런 것은 어떨까? 밥을 먹을 때나 아내가 수고를 할 때 칭찬을 한마디 해주는 것. 아내가 옷을 갈아입

추부길 목사의
행복찌개를 끓이는 남자

었다든지 머리를 새롭게 했다든지 하면 관심도 표명해 주면서 칭찬 한마디 쯤 덧붙여 주면 얼마나 좋을까?

이런 것은 또 어떤가? 아내의 건강에 관심도 가져주고 몸매에도 신경을 좀 써준다면 얼마나 좋을까? 그렇다고 살 빼라고 말하지 말고 "당신, 현재가 아주 좋아! 살 좀 찌면 어때! 나는 그 몸매가 마음에 들어! 나한테만 잘 보이면 되는 거 아냐?" 겉으로는 말하지 않더라도 매우 기분 좋아하는 아내의 속마음을 읽을 수 있을 것이다.

가끔은 앞치마를 두르자! 나는 아내를 위해 자주 찌개를 끓인다. 가끔은 아내도 쉴 권리가 있다. 남편이 차려준 밥상을 '거만하게' 앉아서 먹을 때도 있어야 한다는 것이다. 그때 아내가 느끼는 행복이란 이루 말할 수가 없다. 쇼핑을 같이 가서 아내가 좋아하는 찌개거리를 꼭 사가지고 온다. 그래서 냉장고에 넣어 놓았다가 아내가 원할 때면 언

제든지 앞치마를 두른다. 그것이 행복 아닌가?

남편이 너무 부드러워지면 권위가 떨어진다고 말할 사람도 있을지 모르겠다. 그러나 분명한 것은 머리됨은 섬기는 것에서부터 시작된다는 사실이다. 남편이 먼저 엎드리고 먼저 섬길 때 아내는 저절로 남편에게 순종하도록 되어 있다. 그것이 주님이 우리에게 보여 주신 모본이다.

남편들이여! 오늘 앞치마를 두르자! 그리고 행복찌개를 끓이자. 그 고소한 냄새가 담을 넘게 하자! 그것이 바로 그리스도의 향기가 되어 온 세상에 퍼져 나갈 것이다. 하나님이 그 모습을 보시면서 기뻐하지 않겠는가?

추부길 목사의
행복찌개를 끓이는 남자

행복하십니까?

　자신의 삶을 바라보며 진정으로 행복하다고 느끼는 사람은 그렇게 많지 않은 것 같다. 얼마 전 어느 여성 가정사역자가 나에게 물었다. '행복하세요?' 나는 자신있게 '그렇다'라고 대답했다. 그랬더니 의아하다는 표정으로 '정말이세요?'라고 되묻는 것이었다. 나는 다시 한 번 '나는 정말 행복하다'고 말했더니 "소장님같이 자신 있게 행복하다고 말씀하신 분은 처음이에요"라고 하는 것이었다. 물론 겸손하다보니 행복하다는 말보다는 다른 말로 얼버무렸을 것이라고 생각하지만, 스스로의 삶에 대해 행복하다고 느끼는 사람은 그만큼 많지 않다는 것을 의미하지 않나 싶다. 그렇다면 왜 우리의 삶은 정말로 그렇게 행복하지 못한가?

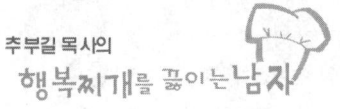
추부길 목사의
행복찌개를 끓이는 남자

　우리 연구소에서 발간하는 월간 '행복한 우리집'에 실렸던 '행복의 조건'을 소개하고 싶다. 다음의 9가지를 살펴보면 자신이 진정으로 얼마나 행복한 지 알 수 있지 않을까?

　첫째, 오늘 당장 먹을 음식과 잠잘 곳이 있다면 지구상의 75% 사람들보다 행복하며, 둘째로 은행구좌나 지갑에 돈이 조금이라도 있다면 세상 8%의 부유층에 해당된다. 셋째, 오늘 아침 병들지 아니한 채로 일어났다면 이번 주를 넘기지 못하는 수백만의 사람들보다 축복받은 것이며, 넷째로 전쟁의 위협이나 감옥생활, 또는 고문과 배고픔의 고통이 없었다면 다른 500만 명보다 훨씬 나은 삶을 살고 있다고 할 수 있다. 다섯 번째로 지금 우리가 체포, 고문 혹은 죽음의 위협이 없이 교회에 갈 수 있다면 세계 30억 인구보다 축복받은 사람이며, 여섯 번째로 부모 모두가 살아있고 이혼하지 않았다면 미국 내에서조차 드문 예이다.

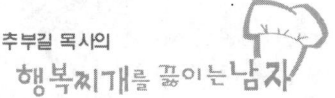

 또, 일곱번째로 만약 우리가 미소를 머금은 채 머리를 들고 진정으로 감사할 수 있다면 축복받은 사람인데, 그것은 오직 성숙한 사람만이 그렇게 할 수 있으며 대부분의 사람은 그렇지 못하기 때문이다. 여덟 번째는 만약 오늘 누군가와 손을 맞잡을 수가 있고, 포옹을 할 수가 있고, 더욱이 어깨를 두드려 줄 수 있다면 축복받은 사람이다. 왜냐하면 치유의 손길을 줄 수가 있기 때문이다. 마지막 아홉 번째는 글을 읽을 수 있는 사람이라면 지구상의 20억 인구보다 행복한 사람이라는 것을 들고 있다.

 아마도 거의 모든 사람들이 이 9가지 조건에 '그렇다'라고 대답했을 것이다. 거기에다가 주님과 동행하며, 또 기도할 수 있는 그리스도인이라면 무엇보다도 행복한 사람이 아닐까? 결국 행복은 어느 상황에 의해 결정되는 것이 아니라 내 마음에 의해 좌우된다는 것

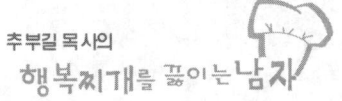

을 알 수 있다. 마음먹기에 달렸다는 것이다. 스스로 불행하다고 생각하면서 인상 쓰고 살기보다는 지금의 상황을 '그럼에도 불구하고' 감사하면서 살아간다면 그 사람은 이 세상 어느 누구보다도 행복한 사람일 것이다. 다시 한 번 생각해 보자. 행복은 결코 멀리 있지 않다. 지금 내 마음 가운데 있다.

적용 나는 얼마나 행복하다고 생각하십니까? 자신의 행복도를 100점 만점으로 채점하여 보십시오. 만약 90점이 넘지 않는다면 다시 한 번 하나님께서 나에게 베풀어주신 감사의 조건들을 쭉 써 보십시오. 최소 100가지 이상…

추부길 목사의

행복찌개를 끓이는 남자

당신은 뭘 믿고 그렇게 예뻐?

 나는 가끔 아내를 보면서 이렇게 말한다. "당신 뭘 믿고 그렇게 예뻐?" 아내는 싱긋 웃으면서 "당신 믿고… 왜?"

 '여자를 칭찬하면 죽은 여자의 심장도 뛴다'는 말을 아는가? 그만큼 칭찬은 사람을 활력있게 만든다는 것이다. 그 효과를 '비아그라'에 비길 수 있으랴! 그럼에도 많은 남편들은 자기 아내 칭찬하기를 힘들어한다. 아내를 칭찬하다보면 그 아내의 기가 살아서 결국은 자기를 지배할 것 같다나? 눈에 뵈는 것이 없는 아내가 되기 전에 아예 그 기를 꺾어 놓아야 한다는 것이다. 정말 그럴까? 사실, 하는 행동을 보면 칭찬할 게 얼마나 있겠는가? 잦은 실수로 인해 남편의 마음을

상하게 한다면 뭘 보고 칭찬할 수가 있겠는가? 만약에 거기에 덧붙여 반항이나 하고, 하라는 일은 하지 않고 엉뚱한 사고나 치고 다닌다면… 그 뿐인가? 외간 남자 하고 놀아나지는 않나? 마음까지 팔고 다니는 데 죽이지 않는 것만 해도 다행이지….

놀라지 말라. 이 말은 우리들의 아내를 두고 한 말이 아니다. 이스라엘 백성들을 두고 한 말이다. 그럼에도 불구하고 하나님은 이렇게 말씀하신다.

"그가 너로 인하여 기쁨을 이기지 못하여 하시며 너를 잠잠히 사랑하시며 너로 인하여 즐거이 부르며 기뻐하시리라 하리라"(스바냐 3:17)

그 이스라엘 백성과 우리가 다를 게 뭐 있겠는가? 그러나, 그럼에도 불구하고 칭찬하시며 격려하시는 하나님을 보라! 뭐가 예뻐서 우리를 그렇게 사랑하시겠

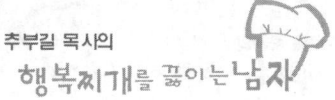

는가? 그러나 그렇게 인정하고 세워주면 조금씩이라도 긍정적인 방향으로 변해가지 않겠는가? 하나님은 그 '조금'을 보시고 너무나도 기뻐하시며 감격해 하시는 것이 아닐까? 마치 갓 태어난 아이가 조금씩 자라가면서 입도 뻥긋 뻥긋 하고, 말도 한 마디씩 해낼 때마다 감격해 하는 부모의 심정과 무엇이 다르겠는가?

아내를 바라볼 때에도 마찬가지이다. 잘한다고 하면 정말로 잘하게 된다. 칭찬한대로 변해간다는 말이다. 조금 짠 된장찌개를 먹으면서도 "뭐 이렇게 짜? 이것도 찌개야?"라고 말하기보다는, "음… 참 맛있는데 조금만 덜 짜면 더 맛있겠다." 그 다음 날 찌개는 분명히 달라져 있을 것이다.

나는 오늘도 아내에게 이렇게 말하였다. "당신 참 생긴 것도 예쁘면서 하는 짓도 그렇게 멋있어! 당신하고 사는 남자는 정말 행복하겠다! 누군지는 몰라도…." 그 감탄사가 우리부부 사이를 행복하게 만든

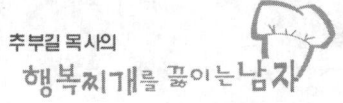

다. 그럴수록 아내는 정말로 더 아름답고 멋있게 변해간다. 내가 하는 그 말로 인해 아내가 행복해지고 점점 더 아름다워진다면 그만한 투자는 해볼 필요가 있지 않겠는가?

적용 오늘 아내들에게 이렇게 칭찬 한 번 해 보라. "당신 뭘 믿고 그렇게 예쁜 거야?" "당신 음식 솜씨 따라갈 여자, 아마 세상에 없을 거야!" "나는 당신이 옆에 있어도 당신이 그리워, 내가 왜 이러지?" 이 말들로 인해 오늘 기절하는 아내들이 많이 좀 생겼으면 좋겠다.

추부길 목사의
행복찌개를 끓이는 남자

깔끔이 남편과 털털이 아내

서로가 뭔가 다른 사람들이 만났기에 부부 간에는 어차피 갈등이 있을 수밖에 없다. 하지만 자기와 다르다고 해서 무조건 상대방을 면박하고 공박한다면 어찌 행복한 삶을 이룰 수 있을 것인가? 그런데도 부부들이 싸우는 것을 보면 '진리'에 목숨 거는 사람들은 드물다. 거의 대부분이 사소한 것에 목숨을 걸고 싸운다. 하지만, 분명한 것은 '나와 다른 것'은 '다를 뿐'이지 '틀린 것은 아니다' 라는 사실이다.

어느 집안의 이야기이다. 김 장로는 성격이 워낙 꼼꼼한 사람이다. 눈을 감고도 책상 서랍 세 번째 칸에 무엇이 있는지 다 아는 사람이다. 신혼 초에는 방 청

추부길 목사의
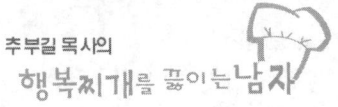

소를 잘 했는지 손가락으로 방을 문질러 볼 정도였으니 오죽하겠는가? 그런데 아내는 이와 정 반대였다. 유난히도 깔끔을 떠는 남편과는 달리 아내는 너무너무 털털했다. 외출하고 들어오면 신발이 이리 튀고 저리 될 정도로 되는대로 신발을 벗어 놓는다. 아예 신발을 '벗어 던진다'는 표현이 더 어울릴 정도였다. 스타킹은 벗어서 아무데나 던져 놓고, 속옷도 여기 저기, 겉옷은 소파 위에…. 깔끔이 남편은 그 모습을 볼 때마다 화를 냈다.

"여보, 도대체 이게 뭐야? 밖에 나갔다 왔으면 정리 좀 해야지. 스타킹은 왜 이렇게 아무데나 벗어 놓는 거야? 옷은 옷걸이에 걸면 안돼?"

이 정도로 끝나는 날은 그래도 점잖은 편이었다. 화를 내면서 "가정교육을 어떻게 받았길래… 아이구 이렇게 지저분한 여편네하고 어떻게 살아!" 이 정도 말이 나오면 서로가 언성을 높일 수밖에 없다.

"옷을 좀 그렇게 벗어 놓기로서니 뭐요? 가정교육이요?"

이 부부가 가정사역 훈련을 받게 되었다. 그러면서 남편이 서서히 변화되기 시작했다. 그 중에서도 가장 큰 변화는 바로 이것이었다. '사는 데 지장 없으면 그냥 넘어가자!'

어느 날은 부부가 외출하고 돌아왔는데 문을 열고 들어서니 온통 난리통이었다. 남편은 이미 마음을 바꿔 먹었기에 들어가면서 발에 걸리는 것은 대충 밀치고 소파에 앉았다. 그런데 아내가 들어오지 않고 집안을 물끄러미 바라만 보고 있는 것이었다. 그러더니 이렇게 말을 하더라는 것이다. "야, 세상에 이렇게 지저분하냐? 꼭 돼지우리 같네!" 남편이 말을 받았다. "사는 데 별 지장 없잖아! 이런 게 뭐 하루 이틀이었어?" 아내는 신발을 얌전하게 벗더니 이것저것 치우기 시작

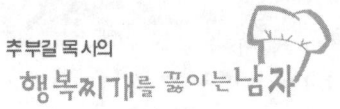

하는 것이었다. 결혼 23년 만에 처음 일어난 엄청난 사건이었던 것이다.

아내에게 잔소리하고 힐난할 때는 아내의 행동이 변화되지 않았다. 그런데 아내의 그러한 행동마저도 이해하고 받아줄 때 비로소 그 아내의 삶이 바뀌기 시작한 것이다. 이것이 이해와 수용의 힘이다. 생명에 지장을 줄 만큼, 아니면 진리에 관한 문제가 아니라면, 이해하고 받아주는 넓은 아량이 우리에게 있어야 하는 것이다.

그렇지 않아도 삭막한 세상이다. 내가 가지고 있는 그 가치관의 잣대로 상대방을 재고, 판단하고, 비방한다면 서로의 관계는 파괴되고, 마침내 막힌 담이 생기고야 말 것이다.

자, 문을 열자. 내 마음 문을 열면 사랑이 보인다.

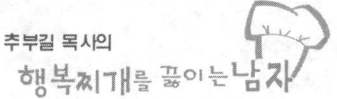

상대방이 열기를 기다리지 말고 내가 먼저 활짝 열자.
그럴 때 세상은 달라지기 시작할 것이다.

적용 우리 부부가 자주 싸우는 이유 중에 사는 데 별로 지장 없는데도 다툼의 원인이 되는 일은 없습니까? 오늘 이렇게 말해보십시오.
"우리 사는데 지장 없으면 그냥 넘어가자!"
"여보, 사는데 지장 없으면 그냥 넘어가 주세요. 알았지요?"

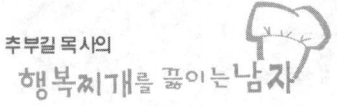

날마다 마음의 유리를 닦으세요!

"소장님. 정말 이 이야기는 소장님한테만 하는 건데요, 소장님의 의견을 듣고 싶습니다. 뭐냐면요, 요즘 기도하면 할수록 지금 나와 살고 있는 내 아내가 하나님께서 원래 예비하신 그 배필이 아니라는 생각이 듭니다. 왜 이런 생각이 들까요? 하나님께서 그렇게 응답해 주시는 것 같습니다."

어이가 없어진 나는 이렇게 되물었다. "그렇다면 하나님께서 원래 예비해 놓으신 짝을 뒤늦게서야 발견하셨나요?" 단도직입적인 나의 질문에 김 집사는 깜짝 놀란 듯한 표정을 짓더니 "어떻게 아셨어요? 사실 우리 교회에 피아노 반주하는 자매가 있는데, 요즘 기도하면 할수록 그 자매가 자꾸 떠올라요. 그리고 쳐다볼

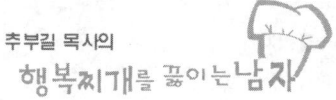

수록 정감이 가구요. 그 자매도 저에 대한 감정이 아주 좋거든요. 그런데 기도할 때 자꾸 떠오른다는 이야기는 하나님께서 그렇게 응답해 주신다고 볼 수 있지 않습니까?"

"결혼하신 지는 얼마나 되셨어요?" "지금 12년 됐는데요." "아이들은요?" "아들 하나, 딸 하나 두었습니다. 아들이 이번에 초등학교 졸업하구요, 딸아이는 4학년입니다. "신앙은 언제부터 갖게 되셨습니까?" "아주 어려서부터죠. 모태신앙이예요." "지금 아내하고는 어떻게 만나셨어요?" "학교 다닐 때 교회 청년부에서 만났죠." "결혼하실 때 하나님의 응답을 받지 않았었나요?" "물론 그랬죠. 그런데요, 그때는 서로 사랑하다보니까 제대로 진지하게 기도도 안했었나 봐요." "그럼 지금 아내하고는 해서는 안될 결혼을 했다고 보시나요?" "그렇다고 봅니다." "아내는 이 사실을 알고 있나요?" "아니요. 전혀 몰라요." "아내하고의 관계는

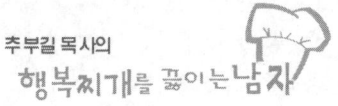

어떻습니까?" "그냥 그렇고 그렇죠, 뭐. 남들은 우리 부부를 행복하다고 보는데요. 그렇게 신나는 사이는 아닙니다." "아내도 이 결혼이 하나님의 뜻이 아니라고 생각하고 있을까요?" "그렇지는 않을 겁니다. 아내는 믿음이 좋아서…." 뒷말을 흐리는 남편. 그렇다면 자기는 믿음이 엉망이란 말인가?

상담을 하다보면 하나님의 뜻을 빌미로 자기의 타락된 상황을 합리화시켜 보려는 사람들을 만나게 된다. 결코 '실수하시지 않는 하나님'을 '앞뒤도 분간 못하는 하나님'으로 만들어 버리는 인간들을 자주 만나게 되는 것이다. 마음을 뒤덮고 있는 정욕이 하나님과의 관계를 흐리게 만들며, 눈앞에 어른거리는 물욕이 하나님을 욕보인다는 사실을 왜 모를까? 맑은 유리는 건너편 멀리 계시는 하나님을 깨끗하게 보이도록 하지만, 그 유리에 수은을 씌우면 건너편의 하나님은 보이

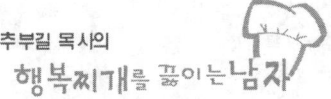

지 않고 자신만 보인다는 사실을 기억해야 한다.

문제는 내 마음이다. 내 마음에 세상의 정욕으로 덮여 있다면 자신이 곧 하나님이 되어 한 치 앞도 못보는 어리석은 삶을 살아갈 수밖에 없다. 날마다 마음의 유리를 닦아야만 우리는 실족하지 않는 삶을 살아갈 수 있다.

적용 나는 오늘 혹시 하나님의 뜻을 빌미로 해서 내 욕심을 채워보려 한 적은 없습니까?
혹시 나의 배우자에 대해서 다른 뜻을 품어 본 적은 없습니까? 스스로의 마음을 겸손하게 돌아봅시다.

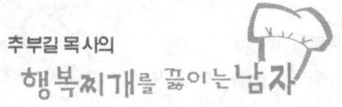

나름대로 이유가 있겠지요

얼마 전, 아내와 아들 정훈이와 함께 차를 타고 가던 길이었다. 옆 차로의 차들은 파란 신호를 받아 움직이기 시작하는데 우리 차로의 차는 꼼짝하지도 않고 있는 것이었다. 조금 늦기도 해서 마음마저 조급한 김에 "저 차는 왜 가질 않는 거야? 왜 저러고 서 있어?" 조금 짜증어린 어투로 내가 말을 하자 뒷좌석에 앉아 있던 아들 녀석이 말을 툭 던지는 것이었다. "아빠, 나름대로 이유가 있겠지요." 아들의 그 말에 겸연쩍기도 해서 "그럴까? 그래, 나름대로 이유가 있겠지…" 하면서 얼버무리고 말았다. 그런데 아들 녀석의 말대로 앞차가 움직이지 않는 데에는 나름대로의 이유가 있었다. 경찰차가 그 차로를 막고 있었기 때문이었다.

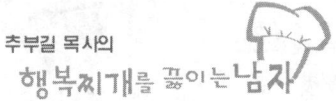

이처럼 우리의 삶 가운데서도 '나름대로 이유가 있겠지요'라는 말은 너무나도 여러 군데에서 적용될 수 있는 말이다. 사람들이 말하고 행동하는 이면에는 '뭔가 이유가 있기 때문에' 그렇게 행동하고 또 그렇게 말을 한 것일 게다. 그렇다면 나와 다르다고 해서, 나와는 생각 차이가 난다고 해서, 내가 원했던 결과가 아니라고 해서 무조건 화를 낸다거나 짜증을 부리는 것은 분명히 문제가 있는 것이 아닐까?

나름대로 이유가 있기 때문에 '왜 그렇게 행동했을까', '왜 그런 말을 하게 되었을까' 하는 생각을 먼저 한다면 서로를 이해하는데 큰 역할을 하게 되지 않을까?

그렇다. 무슨 일이든 나름대로의 이유가 있다. 배우자와의 관계에서도 나름대로의 이유가 무엇인지를 먼저 알아보려는 자세와 태도가 우리에게 있기만 하다면, 서로를 이해하려는 마음이 가슴 속 깊이 다가오지

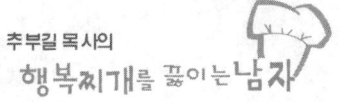

않겠는가?

자녀와의 관계에서도 마찬가지이다. '눈높이'라는 말을 요즘 많이 쓴다. 눈높이라는 말도 결국은 자녀 나름대로의 이유가 무엇인지 먼저 이해하고자 하는 마음의 자세를 말한다. 그들의 입장에서, 그들의 마음에서 자녀를 바라보려는 태도가 바로 눈높이라는 것이다. 아이가 어느 날 늦게 집에 들어왔다 하더라도 먼저 야단치려고 하기보다는 나름대로의 이유가 무엇인지 알아보려는 자세가 필요하지 않겠는가?

부부들을 상담하면서 느끼는 것은 갈등이 많은 부부일수록 자기 자신에게 초점을 맞추고 살아가는 사람들이라는 것이다. 그러나 삶의 초점을 자신이 아닌 배우자에게 둔다면 관점이 달라진다. 그들은 배우자의 인격을 존중해 주기 때문에 배우자가 건강하게 바로 설

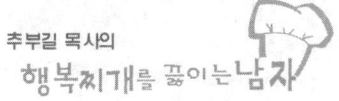

수 있도록 도우며, 그런 모습으로 살아가는 것을 기쁨으로 여긴다. 그래서 배우자가 무슨 일을 하더라도 나름대로 이유가 있다고 생각하며 기다려주고, 오히려 용기를 주는 자로 변신하게 되는 것이다.

지금 나는 어떠한 존재인가? 우리에게 필요한 것은 나의 잘남이나 자랑거리가 아니다. 상대방을 이해하고 수용하는 자세이다.

적용 배우자나 자녀의 모습 속에서 못마땅하거나 마음에 걸리는 부분이 있습니까? 나름대로 다 이유가 있다는 것을 생각하시기 바랍니다.
오늘, 눈높이를 자녀에게, 배우자에게 맞추어 보시기 바랍니다. 그리고 이렇게 말해 보십시오. "아, 당신이 그래서 그랬구나!", "아, 네가 그래서 그런 일을 했구나!"
우리 가정의 분위기가 달라질 것입니다.

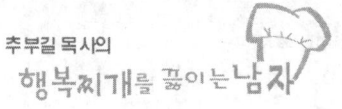

사랑은 가장 가까운 이웃부터

'서로 사랑하라'. 우리는 이 말을 자주 되새긴다. 그것은 예수님이 주신 마지막 계명이기도 하거니와 그렇게 해야만 진정한 크리스천이 될 것 같은 생각이 우리를 자주 지배하기 때문이다. 그래서 이웃을 돌아보며 사랑의 마음을 전하려고 애를 쓴다. 멀리 아프리카나 아프가니스탄에서부터 시작해서 북한 동포를 위해 먹을 것과 입을 것을 준비하면서, 그러한 일들이 '서로 사랑하라'는 주님의 계명을 삶으로 실천하는 것이라 생각한다. 당연히 맞는 말이다. 그런데 우리가 시각을 좀 더 가까운 곳으로 돌려 바라본다면 지금 등잔불 밑이 너무 어둡다는 생각을 하게 된다. 우리의 이웃을 사랑하는 것은 당연한 우리의 도리인데, 문제는 가장

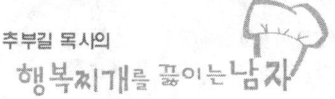

가까운 이웃에 대해서는 별로 신경을 쓰지 않고 멀리 있는 이웃만 생각한다는 점이다. 어느 아내가 이런 고백을 한 적이 있다. "우리 그이는요, 교회 집사들 가정에 무슨 일이 있다면 그저 헌신적으로 가서 도와주고, 부부싸움이 났다 하면 밤 12시에도 찾아가서 화해시키곤 합니다. 하지만, 정작 우리 집에 무슨 일이 생기면 저보고 다 알아서 하라고 하죠. 아내인 저는 안중에도 없어요. 그이는 우리 부부 간에 한 약속을 제대로 지켜본 적이 없고, 내가 아프다고 해도 약 한 번 사다준 적이 없어요. 아니, 아내인 저한테는 그렇게 하면서 이웃 사람들한테 잘 해주는 그 심리는 도대체 어떻게 이해해야 합니까?"

우리가 이웃을 사랑하기 위해서는 조건들이 몇 가지 있다. 먼저 자기 자신을 사랑하려고 노력해야 한다. 더불어 가장 가까운 이웃부터 사랑하려는 흔적들이 있

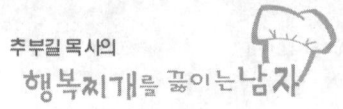

어야 한다. 특별히 가장 가까운 이웃인 자신의 배우자부터 사랑의 자취를 남겨야 그 사랑이 사랑으로써 빛이 난다. 부부끼리는 화해하지도 않으면서 다른 사람들의 문제에 개입한다면 이건 문제가 보통 심각한 것이 아닐 것이다. 그건 분명히 다른 사람들로부터 인정받고, '관심'이라는 댓가를 바라는 병적인 행동이라 할 수 있을 것이다.

요한일서에 보면 '자기 이웃의 형제도 사랑하지 못하는 사람이 어찌 하나님을 사랑한다고 말할 수 있겠는가' 라고 말하면서 그렇게 행동하는 자는 '거짓말 하는 사람'이라고 질타한다. 하나님을 사랑한다면 먼저 가까운 이웃부터 사랑하라는 말씀인 것이다.

지금 우리의 이웃을 돌아보자. 먼저 가장 가까운 이웃부터 살펴 보라. 하나님의 은혜에 이르지 못하는 사람은 혹시 없는지, 쓴뿌리 때문에 괴로워하고 그것 때

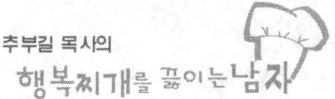

문에 죄를 짓는 사람은 없는지, 음행하거나 한그릇 식물을 위해 장자의 명분을 팔아버리는 어리석은 사람은 혹시 없는지 돌아보라는 것이다.

이렇게 이웃을 먼저 돌아보고 사랑하려고 애를 쓰는 사람은 자신도 모르게 하나님을 사랑하는 방법을 배우고 터득하게 된다는 것이다. 이것이 하나님의 법칙이다.

> 너희는 돌아보아 하나님 은혜에 이르지 못하는 자가 있는가 두려워하고 또 쓴 뿌리가 나서 괴롭게 하고 많은 사람이 이로 말미암아 더러움을 입을까 두려워하고 (히브리서 12:15)

적용 이 시간 자신의 배우자를 바라 보십시오. 그리고 그 마음 가운데 혹시나 상처가 없는지, 쓴 뿌리는 없는지 돌아 보십시오. 더욱 관심을 기울이는 하루가 되시길 바랍니다.

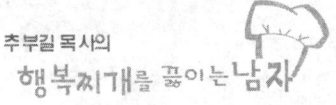

눈으로 말합시다

'눈은 마음의 창'이라는 말이 있다. 그만큼 눈은 그 사람의 숨길 수 없는 마음을 표현해 주는 노출된 커뮤니케이션 창구이다. '눈치'라는 것이 바로 그것이다. 말로는 아무리 좋게 해도 '눈치가 틀리면' 기분이 상하게 되어 있다. 서로 좋아하면 '눈이 맞았다'고 말하는 이유도 여기에 있다. 말로 표현하지 못하는 수많은 말들을 눈은 자신도 모르게 다 해버린다. 거짓말을 하는지 안 하는지도 눈을 보면 분간이 된다. 사람을 만났을 때 상대방에 대해 어떠한 태도를 본능적으로 갖고 있는가는 그 사람의 눈을 보면 안다. 눈을 내리깔 수도 있고, 치켜 뜰 수도 있다. 다소곳이 바로 볼 수도 있고, 존경의 눈초리를 보낼 수도 있다. 애정 어린

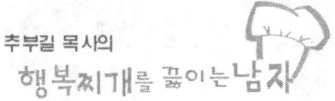

눈빛도 바로 들킨다. 무관심, 수줍음, 상대적 자신감, 긴장감, 진지함 등의 태도도 그대로 드러난다. 두 사람이 지그시 쳐다보는 눈만 보아도 두 사람의 사이가 어떠한지 그냥 알아낼 수도 있다.

또 심리학의 연구에서 밝혀진 바에 의하면, 수업하는 학생들 중에서 선생님이 오래 시선을 준 학생들이 공부에 더 흥미를 느끼고 성적도 좋아진다고 한다. 오래 쳐다볼수록 그 사람에 대한 관심이 많다는 것을 본능적으로 느끼게 된다는 것이다. 사람이란 원래 '신묘막측'해서 눈이 뒤에 달리지 않았는데도 자신에게 던져지는 시선을 몸으로 느낄 수가 있다. 아마도 영과 영이 서로 대화하는 듯 그 사람의 감정까지도 그 시선을 통해 읽어 버린다. 이처럼 눈은 우리 마음의 본성을 그대로 표현하기 때문에 '마음의 창'이라고 부르는 것이다.

어릴 때의 경험 중의 하나이지만 -물론 지금도 마찬

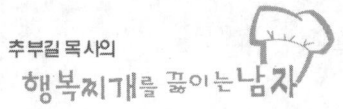

가지이다 - 무엇인가를 피하고 싶을 때는 눈길부터 거두어 버린다. 싫은 사람에 대해서도 마찬가지의 반응을 일으킨다. 불쾌한 장면을 보았을 때도 마찬가지이고 감정을 상하게 했을 때도 그러하다. 시선을 거둔다는 것은 마음을 거둔다는 것과 일치한다.

문제는 부부간에도 이런 법칙이 적용된다는 데 있다. 서로에게 완전한 마음을 주지 못한 부부는 서로의 눈을 응시하지 못한다. 부부 세미나에서 배우자의 눈을 그윽히 들여다보라고 권할 때 제대로 보는 사람이 오히려 드물 정도이다. 그만큼 서로 간에 좋지 않은 감정들로 담이 막힌 탓일까? 결혼 생활을 오래 한 부부일수록 부부가 서로 눈을 맞추질 못한다. 30초도 못 쳐다봐서 시선을 거두어 버린다든지, 아니면 배우자의 눈을 쳐다보면서 그냥 눈물을 터트려 버린다. 회한, 정한, 통한이 겹친 탓인지도 모르겠다.

우리 모두, 눈으로 말하자. 말로 표현하지 못한 수

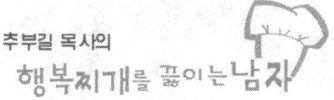

많은 말들을 눈으로 다 할 수가 있다. 부부가 눈과 눈을 쳐다볼 수 있다는 것만 해도 얼마나 행복한 일인지 모른다. 배우자를 향해 나의 마음 문을 활짝 열 때, 참으로 숨기는 것도 없고 부끄러울 것이 없을 때, 모든 것을 맡기듯이 배우자에게 시선을 던질 수가 있는 것이다.

연애 시절, 우리 서로의 시선이 어떠했는지를 생각해 보자. 사랑하는 연인이 생겼을 때 눈이라도 마주치면 얼마나 불붙는 기쁨으로 심장이 뛰놀았던가? 그렇다. 그것이 진정하고도 뜨거운 사랑이다. 배우자의 눈을 쳐다보자. 사랑의 눈으로 쳐다보자. 그윽하고도 진지한 눈으로, 나의 모든 것을 당신에게 다 드리겠노라는 마음으로 쳐다보자. 그곳에 주님이 계신다.

적용 오늘 저녁에는 배우자의 눈을 들여다보며 연애하던 시절로 돌아가 그윽한 눈빛으로 마음의 대화를 나누어봅시다.

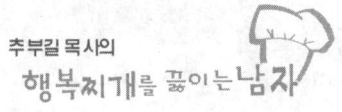

사랑의 편지를 씁시다

 언제부턴가 우리 생활에 편지 쓰는 버릇이 없어졌다. 시골에 계신 아버지께 용돈이나 생활비를 보내달라고 SOS를 칠 때도 '아버님 전상서', '오늘도 저희를 위해 고생하시는 아버님 보시옵소서' 등으로 시작되는 장문의 편지의 말미에 '5만원이 필요하오니…' 하곤 했었는데, 요즘은 전화 한 통이면 만사가 끝이다.

 뜨거운 사랑의 고백도 이젠 전화 한 통이면 끝난다. 도대체 '눈 내리는 밤에 너무나 보고 싶은 그대에게…'로 시작되는 연애편지는 구식 소설에서나 나오는 이야기가 되어 버렸다. 요즘은 기껏해야 이메일 몇 자가 전부이다. 그것도 문법도 도저히 맞지 않는 해괴한

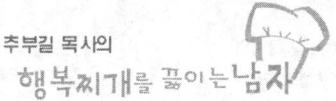

말투로 말이다.

 이러한 '글쓰기 증발 현상'은 부부 관계에서도 예외가 아니다. 심지어 '마음으로만 간직하면 되지, 꼭 말로 해야 하나?' 하고 나오니 적반하장도 유분수다.

 '고든 맥도날드'는 〈내면세계의 질서와 영적 성장〉이라는 그의 저서에서 '일기를 쓰는 것이 하나님의 음성을 듣는 좋은 방법'이라고 말하면서 '글을 쓴다는 것이 인간의 마음을 얼마나 다스려주고 정리하게 하는 것인지, 글이란 참으로 놀라운 도구'라고 적고 있다. 그렇다. 글 중에서도 특히 부부가 살아가면서 서로에게 사랑을 고백하고 용기를 부어주는 편지라면 풍성한 삶을 가져다주게 될 것이다. 남편에게, 아내에게, 자녀에게, 부모에게 사랑한다는 편지를 쓰자. 꼭 편지 형식이 아니어도 좋다. '당신 같은 남편이 내게 있다는 게 참으로 행복해요. 오늘도 파이팅! 사랑하는 아내가' 같은 글을 조그마한 쪽지에 써서 호주머니에 넣

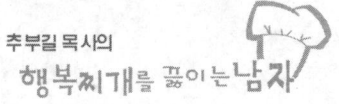

어 주는 것도 좋은 지혜이다. 남편이 퇴근하고 돌아오면서 아내의 손에 쥐어 주는 '여보, 오늘도 당신과의 저녁 시간이 있다는 기대감에 시간가는 줄 모르고 일했소. 당신은 언제나 나의 가브리엘이오. 당신에 속한 남편 OOO'.

이 쪽지를 받은 아내의 얼굴이 어떻게 변할까? 나이 먹은 주제에 주책이 아니냐고 반문하지 말라. 남자의 전성기는 20대에서 30대 초반이지만 여자의 전성기는 30대 후반에서 40대라는 사실을 아는가? 여자는 40이 넘으면서 완숙기로 접어든다. 50대의 아내라고 사랑의 감정까지 늙어 버린 게 아니다. 여자는 남자의 사랑을 먹고 산다.

아내에게 사랑을 표현하자. 말로도 좋지만 글로써 사랑을 적극적으로 표현하자. 답장 주기를 기대하고 편지 쓰면 실망할 수도 있으니 편지 말미에 이렇게 쓰라. '답장 주시지 않아도 좋아요. 다만 당신이 내 글

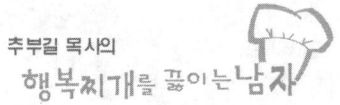

을 끝까지 읽어 주시면서 내 마음을 이해해 주신 것만으로도 나는 너무 행복해요'. '답장 부탁합니다'라는 문구는 답장 쓰기 거북하게 만들지만, '안 써도 좋다'는 문구엔 '장문의 회답'이 있을 수밖에 없다.

자녀의 도시락에도 엄마의 사랑을 담아주자. 물론 음식 만드는 정성에 이미 사랑이 들어가 있겠지만 '금상첨화'의 사랑 메뉴는 간단한 '사랑의 쪽지'이다. "오늘도 우리 정훈이가 하나님의 자녀로서 씩씩하게 살아갈 것으로 믿는다. 공부 힘들겠지만 더욱 힘을 내자. 사랑하는 엄마가!"

절대 부담을 갖지 말자. 연애 시절에 편지 쓰며 밤을 지새우던 것처럼, 예쁜 단어 찾으려고 편지지를 몇 장이나 찢어버리는 수고는 하지 말자. 잘 쓰면 어떻고 못쓰면 어떠한가? 이미 굳어진 짝인데. 자연스럽게, 항상 쓰는 말로 진심을 전하면 된다.

또한 길게 쓰려고 노력하지 말라. 차 한 잔 마시는

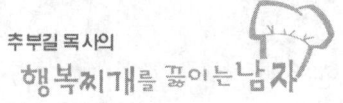

마음의 여유만 가지면 언제든지 쓸 수 있는 것이 편지이다. 어차피 우리는 문학가가 아니다. 사랑이 배어 있는 글이면 그것이 바로 '은쟁반에 금사과'이다. 사랑의 감정뿐만이 아니라 섭섭했던 느낌도 편지로 자연스럽게 전하라. 글 쓰는 순간, 격한 감정도 완화되고 받는 배우자도 상한 감정이 눈 녹듯 사라져 넓은 마음으로 변하게 될 것이다.

'사랑하지 아니하는 자는 하나님을 알지 못하나니 이는 하나님은 사랑이심이라(요한일서 4장 8절)'

적용 오늘 차 한 잔의 여유를 갖고 배우자에게 편지를 써봅시다. 신혼이 멀리 있지 않습니다. 바로 그 시간이 신혼이 될 것입니다.

붕어빵 찍듯 닮아가는 자녀

예수님을 알게 된 지 불과 몇 달째, "그동안 가정에 대해서는 참으로 무지했다"고 말하면서 가정 사역에 관련된 훈련을 받고 있는 어느 형제가 하루는 이런 고백을 했다.

"요즘 가정에 대한 책을 보면서 느끼는 것은 성경에 이렇게 좋은 말들이 있다는 것을 미처 몰랐다는 사실입니다. 이런 좋은 말들이 있다는 것을 세상 사람들이 안다면 모두 다 예수님을 믿을 텐데…"하고 안타까워했다. 그 형제는 성경이 항상 고리타분한 이야기만 하고, 하나님 이야기, 그리고 이스라엘 역사만 쓰여져 있는 것으로만 생각했다고 한다. 그런데 가정 사역 공부를 하면 할수록 성경의 진미(眞味)를 알아가니 너무

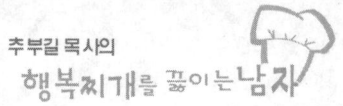

너무 좋더라는 이야기였다.

이처럼 흔히들 성경은 현대인의 일상적인 삶이나 가정생활에 대한 지혜와 무관한 것으로 많이들 생각한다. 그러나 성경은 너무나 많은 부분에서 우리에게 '크리스천으로서의 기본적인 삶'은 물론이고 현대인의 가정생활, 지혜로운 삶에 대해 많은 가르침을 주고 있다는 사실을 간과하고 있다. 가정은 물론이고 갈등, 감정, 건강, 결혼, 고부 관계, 근심, 남자와 여자, 남편과 아내, 노인, 돈, 말, 부모, 분노, 불면증, 사랑, 성(性), 술, 의사소통, 이혼, 자녀 교육, 자아상, 절제, 행복 등 수많은 우리의 삶에 대한 이야기로 가득 차 있다. 직접적인 표현도 있지만 묵상을 통해서 얻는 지혜도 크다. 창세기 12장에 보면 '아브람'이 기근 때문에 애굽에 내려간 일이 있다. 이때 '아브람'은 자기 아내를 누이라 속이고 어려운 고비를 넘기고자 하는 대목이 나온다. 20장에서도 '아브라함'으로 이름이 바

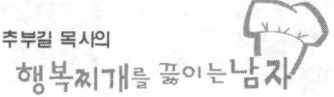

꿰었음에도 또한번 아내를 누이라고 속인다.

"그가 애굽에 가까이 이를 때에 그 아내 사래더러 말하되 나 알기에 그대는 아리따운 여인이라 애굽 사람이 그대를 볼 때에 이르기를 이는 그의 아내라 하고 나는 죽이고 그대는 살리리니 원컨대 그대는 나의 누이라 하라 그리하면 내가 그대로 인하여 안전하고 내 목숨이 그대로 인하여 보존하겠노라 하니라(창세기12:11-13)"

그런데 그의 아들 '이삭'의 하는 짓을 보면 어찌 그리 '붕어빵'인지 웃음밖에 나오질 않는다. 그 아버지에 그 아들이다. 아브라함이 자식인 이삭에게 그리하라고 가르치지도 않았을 터인데 똑같은 행동을 반복하고 있다.

"그곳 사람들이 그 아내를 물으매 그가 말하기를 그는 나의 누이라 하였으니 리브가는 보기에 아리따우므로 그곳 백성이 리브가로 인하여 자기를 죽일까 하여 그는 나의 아내라 하기를 두려워함이었더라(창세기 26:7)".

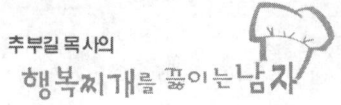

 이것이 바로 자녀교육의 원리이다. 자녀는 부모의 말을 들으며 배우는 것이 아니라 행동을 통해, 삶을 통해 자신도 모르게 붕어빵 찍듯이 닮아가게 된다. 자식은 부모의 삶의 결과로 인한 열매이다. 이러한 말씀의 예는 여러 군데에서 지적되고 있다(열왕기상 15:11, 26).

 자녀가 어느 날, 아빠가 소중히 여기는 그릇을 깼다. 그 자녀는 두려움에 어찌할 바를 모르고 떨고 있다. 그 소중한 물건을 깬 모습을 보자마자 엄마는 다짜고짜로 야단을 치기 시작한다. 그리 하지 않아도 스스로 놀라서 두렵고 떨린데, 엄마는 그 마음을 알아주기는 커녕 더욱 더 큰 좌절을 주고야 만다. 우리 삶에서 흔히 있는 일이다. 그런 모습을 예수님이 보셨다면 어떻게 하셨을까? 제자들이 보는 앞에서 오병이어의 이적을 보여 주셨던 그날 밤, 제자들 먼저 건너편 벳세다로 배를 타고 가게 하신 다음, 바다 위를 걸어가

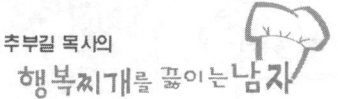

실 때 제자들이 어떤 행동을 보였는가?

> "제자들이 그의 바다 위로 걸어오심을 보고 유령인가 하여 소리 지르니 저희가 다 예수를 보고 놀람이라"(마태복음 6:49-50상).

그때 예수님은 "아니 이놈의 자식들이 낮에 그런 이적을 보고도 나를 못 믿어? 도대체 내가 어떻게 해야 너희들이 믿을 수 있겠느냐?" 하면서 야단치지 않으셨다. 오히려 "안심하라 내니 두려워 말라"고 말씀하셨다. 그렇다. 이 모습이 바로 우리가 자녀에게 보여주어야 할 교본이다. 두려움에 떠는 자녀를 보고 바로 이런 말로 감싸주어야 하는 것이다. 이것이 성경에서 찾는 삶의 지혜인 것이다.

적용 올해는 성경을 몇 번이나 읽기로 계획하셨나요? 이런 관점에서 성경에서 삶의 지혜를 찾아보며 말씀을 묵상할 때 우리의 삶이 더욱 풍성해질 것입니다.

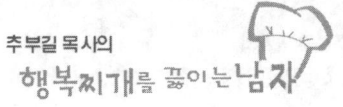

나에 대한 하나님의 관심

 아주 문제가 많은 남편이 있었다. 힘들게 하는 그 남편을 볼 때마다 아내는 화가 치밀어 올랐다. 그렇게 기도를 했음에도 불구하고 남편은 전혀 변화될 기미가 보이지 않았다. 아내는 드디어 이혼을 결심했다. 그런 남편과는 하루도 더 살 수가 없다는 것이었다. 마지막으로 목사님과 만나서 상담을 해 보겠다는 것이었다. 어떻게 보면 그 상담은 '잘 살아 볼 수 있을까' 하는 그런 상담이 아니라 자신의 행동을 합리화 하면서 이혼에 동의를 구하려는 목적이 강했다. 그런 아내에게 나는 이렇게 말하였다. "남편 때문에 힘이 드시죠? 정말 힘드셨겠네요. 아마도 제가 자매님의 입장이라도 이혼을 충분히 생각할 수가 있었겠습니다."

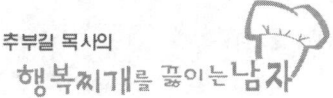

 순간 자매의 얼굴이 환하게 밝아졌다. 마치 자신의 목적이 기분 좋게 달성될 수 있다는 안도감이었을까? 이어서 나는 이렇게 말하였다.

 "자매님. 그런데요, 하나님은 그 남편에게 관심이 있는 것이 아니고 자매님한테 관심이 많으시다는 것 아세요?" 자매는 순간 무슨 뜻인지 알아들질 못했다. "하나님은요, 남편이 어떠한 행동을 하든 그것에 관심이 있는 것이 아니라 그러한 남편의 못된 행동에 대해 자매님이 어떻게 대응하시는지, 그 남편으로 인해 오히려 아내인 자매님이 더욱 변화되는데 관심이 많으시다는 겁니다." 자매는 갑자기 얼굴이 굳어지기 시작했다. "하나님은요, 믿지 않는 남편보다는 자매님에게 훨씬 더 관심이 많으시답니다. 그 남편으로 인해 자매님의 인격이 더 성숙되기를 원하시는 겁니다. 어떻게 보면 그 남편은 자매님을 영적으로 성숙시키기 위한 하나님의 도구일 수도 있습니다. 그렇게 힘들게 만드

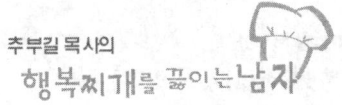

는 그 남편마저도 긍휼의 마음으로, 사랑의 마음으로 품을 수 있다면 자매님은 그 순간 진정으로 예수님을 만나게 되는 겁니다. 그러나 그 남편을 가슴으로 깊이 이해할 수 없다면 자매님은 하나님을 그만큼 이해하지 못하고 있다는 증거입니다. 그러한 남편임에도 불구하고 사랑의 마음으로 품을 때, 그때서야 자매님은 하나님의 마음을 이해하게 될 것입니다. 어떻게 보면 힘들게 하는 남편의 상태가 곧 내 마음일 수 있다는 사실을 생각해 보셔야 합니다."

자매는 고개를 푹 숙였다. "자매님! 남편이 왜 그렇게 힘들게 할까요? 혹시 그만큼 아내의 사랑과 관심, 그리고 격려와 지지를 받고 싶다는 강력한 표시는 아닐까요?"

"맞아요. 사실 지금까지 남편의 그런 행동을 보면서 어떻게 칭찬해 줄 수 있었겠어요? 매일 구박하고 마치 선생님같이 야단치는 것이 제 일과였지요."

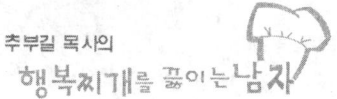

 많은 사람들이 문제가 조금 더 있는 상대방에 대해서 비난을 하고 정죄를 한다. 그래서 못살겠다고 말하기도 한다. 그러나 하나님은 문제 있는 그 상대방보다는 그 사람을 통해 자신의 인격이 더 성숙되기를 원한다는 사실을 알아야 한다. 자녀를 골치 덩어리로 생각하는 부모들도 많다. 역시 하나님은 문제 자녀를 바라보기보다는 그 자녀를 통해서 부모인 내가 더 성숙되기를 원한다는 사실을 알아야 한다. 내가 변하면 세상은 변하도록 되어 있다. 문제 많은 사회를 바라보며 손가락질하지 말자. 중요한 것은, 변화는 나로부터 시작된다는 사실을 잊지 말자. 하나님의 관심은 오직 나에게 있으시다.

적용 요즈음 나를 힘들게 하는 사람은 누구입니까? 특별히 어떤 점들을 힘들게 합니까? 그것을 통해 하나님께서 나에게 원하시는 것은 무엇일까요? 나의 어떤 부분이 성숙되기를 원하실까요?

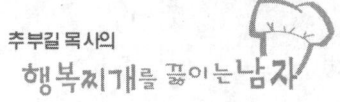

나는 빚진 자입니다

여러 사람들이 나에게 "왜 가정사역을 하느냐?"고 질문을 한다. 그 말 속에는 "세상적으로 좋은 자리와 풍족하게 지낼 수 있는 여건도 많았는데 왜 그렇게 힘든 길을 가느냐?"는 걱정 반, 위로 반의 말도 있고, 가끔 '하필이면 부부가 함께 해야만 하는 그러한 사역을 하느냐'고 농담 반, 진담 반으로 말을 던지는 사람도 있다. 그럴 때마다 나는 "나 자신을 위해서, 그리고 우리 부부를 위해서 가정사역을 한다"고 대답한다. 물론 그 말을 듣고 고개를 끄덕거리기는 하지만 나에 대한 염려가 완전히 가시지는 않는 모습들이 대부분이다.

우리 부부는 한때 '사철에 겨울바람이 쌩쌩 부는'

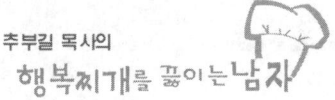

그런 가정이었다. 나는 일중독자였다. 물론 '이렇게 집에 늦게 들어가는 것은 다 가족들을 먹여 살리기 위해서'라는 좋은 명분으로 포장되어 있기는 했지만, 그 무기 하나로 나는 거의 매일 밤 12시에 집에 들어갔다. 그런 나의 모습에 얼마나 마음이 힘겨웠으면 아내는 "가정과 회사, 둘 중에서 하나를 택하라!"고 최후통첩을 보냈을까? 그 말에 나는 대뜸 "나는 가정보다 회사를 택한다"고 맞받아치면서, "내가 이렇게 늦게 일하고 들어오는 것을 격려는 못할망정 그 따위 소리를 할 수가 있는 거야? 싫으면 차라리 이혼해!"라고 말하고야 말았다.

그런 내가 - 순전히 아내의 기도 덕분이기는 했지만- 코 꿰인 소가 주인에게 그저 이끌려 가듯이 나의 의지와는 관계없이 가정에 대한 공부를 하기 시작했고, 그러면서 나의 가치관, 삶, 그리고 속마음까지 그 모든 것이 바뀌기 시작했다. 물론 주님도 새롭게 만나

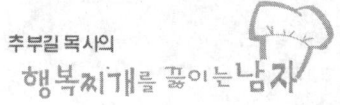

게 되었다. 그로부터 10여년이 지난 지금, 이혼을 생각했던 내가 전국을 돌아다니며 가정의 소중함을 설파하고 있다. 그것도 아내와 함께 말이다. '회개'를 'Turn Over'라고 한다. 바로 내 인생이 90도 회전도 아닌 180도 U-Turn해서 하나님 방향으로 달려가게 된 것이다. 이 얼마나 극적인 드라마인가? 그러니 내가 '빚진 자'라고 말할 수밖에!

> "헬라인이나 야만이나 지혜 있는 자나 어리석은 자에게 다 내가 빚진 자라(로마서 1:14)"

바울의 말은 이렇게 바꾸어 볼 수 있을 것이다. "결혼하지 않은 자나 갈등 가운데 있는 부부, 그리고 행복한 부부들이나 이혼의 상처를 갖고 있는 사람들, 또 눈물과 아픔을 가지고 있는 모든 사람들에게 다 내가 빚진 자라!" 그렇기 때문에 이처럼 고백하고 싶다.

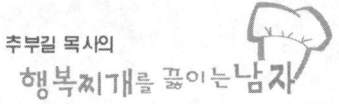

"나는 할 수 있는 대로 이 사랑의 복음을 전하기를 원하는 것이다(로마서 1:15절 변형)"

복음이 그러하듯이 나 또한 가정사역이라는 '사랑의 복음'을 전함으로 인해 내가 진 빚을 조금씩이나마 갚고 있는 것이다. 그러니 이 얼마나 행복한 일인가? 요즘에도 가장 행복한 시간은 바로 부부워크샵을 인도한다든지 사랑의 말씀을 전할 때이다. 우리 부부의 사역을 통해 한 가정, 한 가정이 변화되고 삶이 새롭게 바뀌는 역사를 보면서 하나님께 영광을 돌리지 않을 수 없다. 어쩌면 그 감격과 기쁨이 오히려 몇 배가 되어 또 다시 우리 부부에게 돌아오는지도 모르겠다.

적용 오늘 이렇게 기도하는 것은 어떨까요? "주님! 내가, 우리 부부가 여기 있사오니 나를, 그리고 우리 부부를 치유하시고 회복시키셔서 사랑의 복음을 전하는 자들로 사용하여 주옵소서."

2

5 - 3 = 2
2 + 2 = 4

"갑자기 무슨 더하기, 빼기인가" 할지도 모르겠다.
그런데 너무나도 간단한 이 수식에 참으로 심오한 뜻이 담겨 있다.
풀이하자면 이렇다. "오해할때 세 발만 물러서면 이해가 된다.
그리고 이해와 이해가 만나면 사랑이 된다".

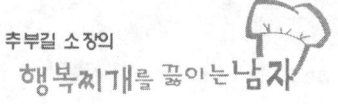
추부길 소장의
행복찌개를 끓이는 남자

우리 가정의 비자금

상담을 하다보면 돈 때문에 심각한 지경에 이르는 경우를 많이 만나게 된다. 남편 몰래 계를 하다가 그 계가 깨지면서 난리가 나는 경우를 비롯해서, 쏠쏠하던 주식이 쪽박을 차면서 집까지 날리게 된 사연까지 돈에 얽힌 갈등은 너무나도 많다.

> "저가 모태에서 벌거벗고 나왔은즉 그 나온 대로 돌아가고 수고하여 얻은 것을 아무 것도 손에 가지고 가지 못하리니 이것도 폐단이라 어떻게 왔든지 그대로 가리니 바람을 잡으려는 수고가 저에게 무엇이 유익하랴(전도서 5:15-16)"

우리가 이 성경 구절을 제대로 알기만 한다 해도

추부길 소장의
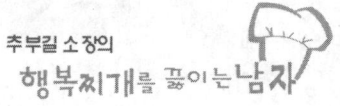
행복회개를 끓이는 남자

'공수래공수거(空手來空手去)'의 진리를 터득할 수도 있고 돈에 대한 태도도 달라지련만 도대체 이 사회는 그저 돈에 미쳐 있는 듯싶다.

그러나 비자금에 대한 여러 가지 사건들을 보면서도 분명히 알 수 있는 것은 '비자금은 비밀을 낳고 그 비밀은 반드시 밝혀지고야 만다'는 사실이다. 남모르는 비자금을 만들기 위해서는 반드시 '거짓'이라는 도구가 사용되게 된다. 또 거짓은 또 다른 거짓을 가져온다. 그런데 우리들의 가정에서도 '비자금'이 성행한다. 비자금을 만드는 의도는 참으로 순수하고 좋을 수도 있다. "혹시나 큰 돈이 필요할 때를 대비해서", "이렇게 돈을 저축하지 않고서는 평생 집을 못살 것 같아서", "남편이 돈 있는 줄 알아봐요, 그러면 온전하게 남아 있을 것 같아요?" 이런 이유, 저런 이유로 우리 가정에도 비자금은 깊이 뿌리 내리고 있다. 회사에서 뜻밖에 나온 '김장 보너스, 목표 달성 보너스' 역시

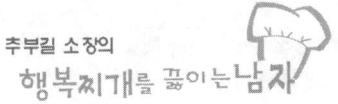

남편들의 비자금으로 남모르는 곳에 묻혀 있기도 하다.

비자금은 부부간에 비밀의 장벽을 만든다. 아무리 선한 뜻이 있다 하더라도 비자금은 반드시 서로에게 공개할 수 없는 영역을 남긴다. 그것이 비자금이 노리는 함정이다. 부부들이여, 이혼을 전제로 한 결혼이 아니라면 결코 비자금을 만들지 말라! 그것이 부부가 하나 되는 비결이다.

적용 지금 혹시 배우자가 모르는 비자금을 가지고 있지는 않습니까? 아무리 선한 뜻이라도 이제는 모두 공개해야만 합니다. 오늘 비자금을 다 털어 내어 놓고 투명한 부부 관계를 만들어 보시지 않겠습니까?

모든 게 내 탓입니다

 상담을 하다보면 '문제없는 사람'들을 참으로 많이 만나게 된다. 이혼을 생각하는 사람들, 남편을, 또는 아내를 증오하는 사람들… 거의 대부분들이 '나는 문제가 없는데 상대방의 문제로 인해 고통을 받고 있다'면서 하소연을 해댄다. 듣고 있노라면 '자신의 들보'는 보지 못하는 그 어리석음을 깨우쳐 주느라고 실랑이를 하게 된다.

 '교만은 패망의 선봉'이라고 한다. '내가 섰다고 생각하는 순간, 언제 넘어질 지를 조심하지 않으면' 언제나 실패자의 길을 걸을 수밖에 없다.

 나는 가끔 아내로부터 이런 말을 듣는다. 어떤 사람이 우리 부부에게, 아니면 나에게 고통을 주거나 힘

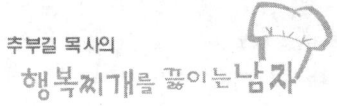

들게 만들 때 "여보, 그 일로 인해 당신이 더욱 다듬어져야 할 점은 없는지 살펴보세요. 이 일을 통해 주님께서 이루고자 하시는 뜻이 계실 거예요."

그렇다. 우리가 어찌 완벽해질 수가 있겠는가? 끊임없이 실수하고 넘어지는 그러한 실패자가 곧 우리 아닌가? 그러면서도 주님이 우리의 손을 놓지 않음으로 인해 다시금 일어서서 승리자로서의 삶을 살아가는 것이 또 우리 아닌가? 하나님은 실패를 통해 완전을 창조해 가신다. 고난과 시험을 통해 승리자로서의 삶, 작은 예수로서의 삶을 가꾸어가고 계시는 것이다. 그래서 어떠한 일을 만나든지 그 가운데 내가 부족한 점은 무엇인지, 내가 더욱더 엎드려 기도할 제목은 무엇인지, 하나님은 나에게 지금 무엇을 원하시는지, 내가 아직도 버리지 못하고 있는 '애굽'은 무엇인지를 살펴봐야 한다는 것이다. 더불어 '모든 것을 합하여, 특별히 어떠한 악한 것일지라도 그것마저도 합하여 선을

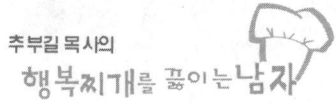

이루시는 하나님'이기에, 또 이 어두움 가운데 어떠한 밝은 빛을 예비하고 계시는지 소망의 마음으로 기대하고 또 기다려야 하는 것은 아닐까?

중요한 것은 자신을 먼저 돌아보아야 한다는 것이다. '내가 잘못한 것도 없는데 왜 이런 일들이 벌어지는가?'라고 생각한다면 그 사람의 미래는 없다. 하나님이 역사하실 공간도 없다. 하나님을 의지하지 않고 내가 하나님을 대신한다면 그는 이미 그리스도인이 아닌 것이다. 겸손한 자만이 천국을 소유할 수 있다. 항상 자신을 돌아보며 "오, 하나님. 이번에는 저의 어떤 부분을 고쳐야 할까요? 저에게 이런 숙제를 주시는 이유를 알게 해 주십시오"라고 기도하는 자일 때 하나님은 역사하신다는 것이다. 분명한 것은 "모두 의로운 사람만이 있는 곳에는 싸움만 있다"는 사실이다. 그러나 "모두 모자라고 약한 사람만 있는 곳에 평화가 있다".

 자, 이 시간, 자신을 돌아보자. 나에게 있어 무엇이 나를 하나님으로부터 자꾸 멀어지게 하는 것인지… 무엇이 사랑하는 사람과의 관계에 '막힌 담'을 세우는 것인지… 왜 자꾸만 넘어지는 것인지….

 항상 자신을 바라본다는 것은 하나님을 향해 문을 열어드렸다는 것을 의미한다. 자신의 부족한 부분을 먼저 바라본다는 것은 하나님이 역사하실 공간을 미리 만들어 드렸음을 말하는 것이다. 건강한 부부가 되기를 원하는가? 은혜가 넘치는 가정이 되기를 원하는가? 그렇다면 남을 향해 손가락질 하지 말고 오직 자신만 바라보자. '네 탓'이 아니라 '내 탓'임을 잊지 말자. 이러한 생각이 세상을 바꾼다.

적용 나는 가족들, 특히 배우자 앞에서 의로운 사람입니까? 부족한 사람입니까?
이 시간에 나 자신을 돌아보며 "모두 내 탓이예요."라고 고백하시지 않겠습니까?

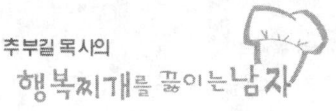

결혼이 '비난 허가증' 인가?

우리는 흔히 '상대방을 좋게 해주려는 의도'를 가지고 무슨 말을 할 때, 말을 듣는 당사자는 '선의'로 듣지를 않고 '비난' 당하고 있는 것으로 받아들이는 경우를 본다. 대체로 가족 구성원같은 가까운 사람들끼리 화목하게 지낸다는 것이 결코 쉬운 일이 아니라는 것을 체험을 통해 알고 있다. 그것은 서로 잘 알고 부담이 없기 때문에, 의도적이 아니라 할지라도 가장 많이 비난하기 때문이다. 특별히 부부 사이에서는 더욱 그러하다. 결혼을 하기만 하면 '배우자가 마치 나의 마음과 완전히 같을 것'이라는 착각 때문에 '나의 마음대로 행해 주지 않는' 상대방에게 대수롭지 않게 비난을 퍼붓는다. 마치 결혼이 '비난 허가증'이라도 된

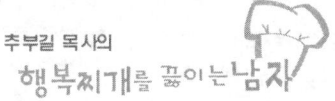

듯이 말이다. 우리들 대부분은 이러한 비난이 원만한 가정생활에 얼마 만큼의 파괴적인 영향을 미치는지 거의 인식하지 못한 채 비난의 홍수 속에 깊이 파묻혀 살고 있다. 무심결에 서로 주고받는 비난들은 가까운 관계일수록 더욱 더 파괴적인 힘을 가짐으로써 결국은 파탄으로 가게 된다.

비난은 한마디로 결혼 전부터 자신이 어떤 일에 대해 가지고 있는 이미지 사진(Image Picture), 즉 '무엇 하면, 어느 것' 하는 식으로 자신의 마음 속에 굳게 자리잡은 '생각의 틀'과 상대방의 행동이 일치하지 않을 때 반동적으로 튀어나오는 현상이다. 그런데 문제는 비난을 가했을 경우, 상대방이 그 비난의 말대로 행해 준다면 별 문제가 발생하지 않을 수도 있다 그러나 비난을 받은 당사자는 '비난과 함께 요구하는 행동'으로 행하지 않고 오히려 청개구리 방향 잡을 수 없듯이 기분 나쁜 마음때문에 '럭비공 튀듯이', '오

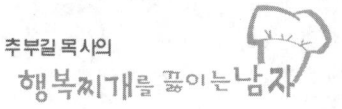

기'로 딴 짓을 하는 경우가 많다는데 있다. '비난'은 옳은 행동을 유도하기 위해 하지만 결과는 전혀 딴판이 된다.

요즘 X세대(부모는 내 자녀만큼은 아니라고 믿지만) 자녀가 갑자기 머리의 한쪽 끝을 노랗게 염색하고 왔다고 치자. 부모 된 우리는 어떻게 반응해야 할 것인가? 보통의 반응 - '아니, 도대체 머리가 그게 뭐니? 어이구, 저걸 내 아들이라고… 차라리 나가버려. 빨리 머리 좋게 안 바꿔?', 한 술 더 떠서 '아버지 보시기 전에 빨리 지워. 아버지가 그 꼴을 보시면 당장 집에서 쫓아내실 거다!' 아버지까지 끌어들여 아들을 겁준다.

이때 아들은 어떻게 반응할까? '엄마는 우리 세대를 너무나 이해 못해! 그래도 엄마 명령이니 머리를 고치는 수밖에 없군!' 이렇게 나오면 얼마나 좋을까? 문제는 엄마의 비난에도 불구하고 비난의 의도대로 행동하

지 않는다는 데 있다. '그래, 내가 이토록 이해 받지 못할 바에야 차라리 나가서 내 맘대로 살지 뭐' 하고 나올 수도 있다. 참으로 '머리를 포기할 것인가, 자녀를 포기할 것인가' 둘 중의 하나를 택해야 한다. 머리도 못 고치고, 아들도 버리고. 이런 손해 보는 장사가 비난 때문에 일어난다.

더구나 비난에도 불구하고 행동이 고쳐지지 않을 때 말한 당사자는 더욱 화가 나게 되고, 의도대로 행동하지 않고 엉뚱하게 번져갈 때 급기야는 의기소침해지고 위축되기도 한다. 과연 어떻게 해야 하는 것인지 판단이 힘들게 된다. 부부간, 자녀에게도 마찬가지지만 비난이 이처럼 큰 결과를 가져오는 것은 비난을 받을 때 서로의 사이에 엄청난 갭(Gap)이 있음을 고통 가운데 깨닫게 되기 때문이다. 비난을 밥 먹듯이 하는 부부는 설사 이혼하지 않는다 하더라도 정서적 이혼 상태나 다름없는 결혼 생활을 하게 된다. 자녀도 마찬가지다.

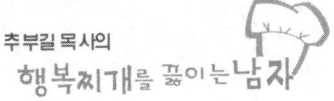

한 지붕 아래 살아가지만 부모만 들어오면 헤드폰 끼고 책 보는 척한다. 그리고 문을 '쿵' 하고 닫게 된다.

비난하지 않고도 얼마든지 나의 의사를 전달할 수도 있다. 따라서 목적도 쉽게 달성된다. '나 전달법'이나 '반영적 경청'이 그 방법들이다.

이제 우리는 선택하여야 한다. 칭찬과 격려 같은 '성령이 지배하는 말'을 할 것인가? 아니면 비난, 책망 같은 '사탄이 지배하는 말'을 할 것인가? '머리를 포기할 것인가? 자녀를 포기할 것인가?'

적용 최근에 배우자와의 사이에, 자녀와의 사이에 비난의 말을 주고받은 적은 없습니까? 상대방을 비난하기보다는 '나의 감정을 말하기'를 시도해 보십시오. 가정 속에 아름다운 질서가 다시 잡히기 시작할 것입니다.

추부길 목사의
행복찌개를 끓이는 남자

듣는 것이 말하기보다 더 어렵다!

 말을 능수능란하게 잘 하는 사람과 잘 들어주는 사람, 둘이 있다면 어느 사람에게 더 호감을 가질까? 답은 잘 들어주는 사람이다. 그래서 "사람을 움직이는 것은 입이 아니라 귀"라는 말이 있을 정도이다. 자신의 말에 대해 이해해 주지 않거나 공감하는 빛이 없을 때는 상대방이 아무리 옳은 말을 하더라도 수용하고 싶은 생각은 전혀 없어진다. 그럴 때 자신의 의견이 틀린 것을 알면서도 '무조건 옳다'고 우기게 된다. 그래서 '대놓고 화를 내는 것'이 '대화'인줄로 착각하는 사람도 생기게 된다. 이런 대화의 원칙은 부부간에도 당연히 적용되기도 하고 부모와 자녀 간에도 마찬가지이다. 대체로 부모들이 자녀들에게 가장 많이 쓰는 말

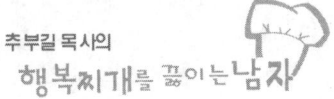

들은 '원리 원칙으로 보면' 당연히 옳은 말들일 게다. "공부해라", "학교 갔다 온 후에는 꼭 손을 씻어라!", "TV보지 말아라", "싸우지 말아라" 등등 모든 말들이 하나도 틀린 것이 없다. 그런데 그 말을 듣는 자녀들은 그대로 행하기보다는 괜한 반항심 같은 것이 휙 솟구쳐 엉뚱한 짓을 하고야 만다. 왜 그럴까? 그것은 부모들이 자녀들의 입장이나 처지를 전혀 이해해 주지 않을 뿐더러 자녀들이 가지고 있는 감정까지도 받아주려 하지 않기 때문이다. 그들이 친구들에게 마음의 고민을 털어놓는 이유가 뭔가? 바로 친구들은 내 마음을 깊숙이까지 이해해 주고 공감해 주기 때문이다.

부부간에도 마찬가지이다. 남편에게 어떤 고민이 생겼을 때, 평소에 아내가 남편의 말을 잘 들으면서 입장을 이해해주고 공감해 주는 부부였다면 무슨 고민이라도 아내에게 털어놓았을 것이다. 그런 대화가 오고 가지 않았던 부부라면 남편은 반드시 겉돌게 되어 있

다. 그 때 남편은 친구들을 찾게 되고 자신의 마음을 조금이라도 이해해 주는 사람, 특히 이성(異性)이 있다면 그곳에 쏙 빠지게 된다. 이래서 대화의 방법이 소중하다는 것이다.

"어머, 그랬어요? 정말 나라도 그렇게 했겠네요.", "얼마나 마음이 아프세요? 너무 화가 났겠네요.", "어쩌면 좋아! 여보, 내가 그 부분을 도와주지 못해서 어쩌지?", "여보, 내가 있잖아. 힘내! 우리가 힘을 합치면 무엇이든 못하겠어?". 가끔은 배우자가 동료가 되기도 하고 친구가 되기도 하며 상담자가 되어야 한다. 좋은 선배로도, 또 좋은 후배로도, 가끔은 '애인'으로도 그 역할을 잘 감당할 수 있어야 한다. 배우자가 처한 처지에 따라 그 감정에서, 그 입장에서 그 상황이 바로 나의 상황이 되어 그 속에 들어갈 수 있어야 한다. 그것이 바로 '공감'이다.

공감하기 위해서는 우선 잘 들어주어야 한다. TV

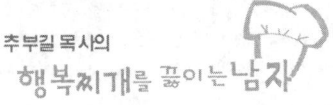

보면서, 신문 보면서 건성으로 말하고 듣는 것은 대화가 아니다. 그런 방법으로는 결코 대화의 수준이 깊어질 수가 없다. 그냥 소리만 들을 것이 아니라 말하는 사람의 마음까지도 들어야 한다. 내면적인 감정과 말로 표현되지 않는 비언어적인 대화까지도 들을 수 있어야 한다. 그래야만 마음과 마음이 이어지는 대화가 가능해진다. 잘 들어주면 호감이 생긴다. 잘 들어주면 마음 문을 열게 되어 있다. 잘 들어주는 사람에게는 결코 반항하지도 않고 오히려 그 사람이 요구하는 대로 순응하게 된다. "응, 그래. 어쩜, 그-럼! 어쩌나!" 등과 같이 맞장구를 쳐가면서 몸을 가까이 상대 쪽으로 향하게 되면 벌써 마음의 절반은 열린다. 말을 들으면서도 절대 상대방을 먼저 판단해서도 안된다. 선입관을 가져서도 안된다.

밖에 나가서 얻어맞고 들어 온 아이의 심정은 어떨까? 비록 맞고 들어왔지만 속으로 분하고 억울해서 울고 있는 것일 게다. 그런 아이에게 보통의 부모들은 "이런 바보같이…. 왜 너는 얻어터지고만 들어와?" 하면서 화를 낼지 모르겠다. 그러나 현명한 부모라면 그 마음을 읽어 줄 것이다. "어이구, 우리 OO이가 얼마나 분하고 억울할까?" 이 한마디의 말에 자녀의 마음속에 있었던 자신에 대한 비하의 마음은 사라지게 되고 분노의 마음도 풀게 된다. 그리고 부모에게 마음의 문을 열게 된다. 끝까지 잘 들어주고 기왕이면 그 사람의 마음까지 읽어 주는 것. 이것이 바로 대화의 기술인 것이다.

"사연을 듣기 전에 대답하는 자는 미련하여 욕을 당하느니라" (잠언 18:13)

적용 마음을 가다듬고 배우자의 마음의 소리를 30분만 들어주시겠습니까? 눈을 마주보며 손을 잡고 마음속 깊은 곳까지 함께 들어가 보십시오. 비난하지 말고 무조건 공감하여 주십시오. 세상이 달라질 것입니다.

추부길 목사의
행복찌개를 끓이는 남자

5-3=2, 2+2=4

"갑자기 무슨 더하기, 빼기인가" 할지도 모르겠다. 그런데 너무나도 간단한 이 수식에 참으로 심오한 뜻이 담겨 있다. 풀이하자면 이렇다.

"오해할 때 세 발만 물러서면 이해가 된다. 그리고 이해와 이해가 만나면 사랑이 된다".

부부간에는 많은 갈등이 찾아온다. 어쩌면 당연한 것인지도 모른다. 부모와 자식간에도 갈등이 있고, 한 핏줄을 이은 형제 자매간에도 갈등이 있는데, 서로 다른 환경에서 자라난 사람끼리 갈등이 어찌 없을 수 있으랴! 문제는 많은 갈등들이 사소한 오해에서부터 시작된다는 것이다. 잘 알지 못해서 생겨나는 오해, 말

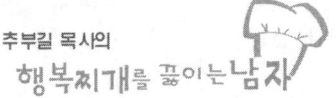

을 잘 알아듣질 못해서 생겨나는 오해, 잘못 이해해서 생겨나는 오해 등등…. 부부간에는 오해가 끊임없이 찾아오고 그 오해들은 부부간에 막힌 담을 만드는 도구로, 포도원을 허무는 여우같이 찾아드는 것이다.

그럴 때 한 발짝만 물러나서 상대방을 배려해 준다면, 한 발짝으로 안되면 기왕 쓰는 바에 두 발 더 써서 세 발짝만 물러서서 상대방을 쳐다본다면 이해되지 않을 것들이 무엇이 있겠는가? 오해는 오해를 낳고 그 오해는 막힌 담을 낳는다. 또, 그 막힌 담들은 정서적 이혼으로 들어가는 계기가 된다.

저녁마다 늦게 들어오는 남편이 있었다. 얼마 전만 해도 퇴근 시간에 맞춰서 정확하게 들어 왔던 남편의 귀가가 갑자기 늦어지기 시작한 것이다. "왜 늦게 들어와요?"라고 물어봐도 묵묵부답인 이 남편을 아내는 오해하기 시작했다. 집에만 들어오면 피곤하다면서 그

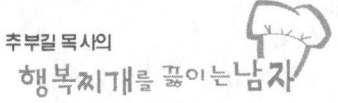

냥 쓰러지는 남편을 아내는 도저히 이해할 수가 없었다. 아내는 남편에게 분명히 다른 여자가 생겼을 거라고 생각했다. 그래서 "당신, 여자 생겼어?"라고 묻기라도 하면 남편은 "쓸데없는 소리 하지마!"하고 입을 다물어 버린다. 그러니 더욱 더 의심할 수밖에…. 그렇다고 월급에 손을 댄 것 같지는 않아서 참고는 살고 있었지만, 오해는 계속 오해를 또 낳다 보니 이 아내는 남편과 잠자리 하는 것조차 싫어지기 시작했다. 한마디로 꼴 보기 싫어지니 남편이 옆에 오는 것도 미웠던 것이다.

그러던 어느 날, 남편의 직장 동료들이 예고도 없이 집으로 들이닥쳤다. 당연히 남편이 앞장서서 왔으리라 생각했는데… 말도 없이 집으로 들이닥친 남편 동료들을 보면서 반갑게 맞이하기는 했지만 어쩐지 동료들의 분위기가 심상치 않았다. 다른 때 같았으면 "제수씨!", "형수님!"하면서 제법 떠들었을 텐데, 그날따라

추부길 목사의
행복치개를 끓이는 남자

조용히 와서 "김 대리, 어디 갔어요?"라고 묻는 것이었다. 아내는 "왜 그걸 저한테 물어 보세요?"라고 반문하면서 "오늘 회사에서 못 만나셨어요?"라고 물었다. 그때서야 상황을 눈치 챈 동료들이 "그럼 아직 모르고 계셨어요?"라고 말하면서, "얼마 전 김 대리가 회사 구조 조정 때 밀려나서 지금 어디선가 힘든 일을 하고 있다는 이야길 들었는데, 도대체 통화도 안 되고 무슨 일을 하는지도 몰라서 이렇게 찾아왔다"는 것이었다. 날벼락 같은 소리에 정신을 가까스로 차린 아내는 "그럼 우리 남편이 회사를 그만 두었단 말이에요? 언제 그랬어요? 왜 그랬대요?" 아내는 쉬지 않고 물어댔다. 자초지종을 다 들은 아내는 청천벽력 같은 소식에 눈을 감을 수밖에 없었다. 남편은 왜 회사 그만 두었다는 이야기를 안했단 말인가? 아내인 나에게 말 못할 게 뭐가 있어서…. 그렇다면 그동안 남편은 어디 가서 시간을 보냈단 말인가? 달마다 가져다 주었던 월

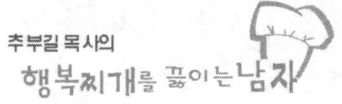

급은 과연 어디서 나온 돈이란 말인가?

남편이 집에 돌아오기를 기다리던 직장동료들은 아내를 위로한 뒤 가져왔던 선물을 주고 다시 돌아갔다. 텅 빈 집안. 아내는 몸을 가눌 수가 없었다. 눈물밖에 나오질 않았다. 남편이 한없이 미웠다. 그러면서도 갑자기 측은해지는 남편. 남편 얼굴을 보면 무슨 말부터 꺼내야 할까? 괜히 두근거리는 가슴….

이런 저런 생각에 1시간여를 보냈을 때 남편이 여느 때와 같이 피곤한 몸으로 대문을 열고 들어섰다. 지쳐서 들어오는 남편에게 달려간 아내는 그의 가슴에 얼굴을 묻고 한없이 흐느껴 울었다. 무슨 말을 묻지도 않았다. 그냥 울기만 한 것이다. "왜 나한테 말 안했어? 왜?"라고 울부짖는 아내를 보면서 사태를 짐작한 남편은 아내에게 이렇게 말하는 것이었다. "여보, 조용히 해. 애들 눈치 채지 않게…. 내가 직장을 잃었다고 그러면 아이들이 기죽을 거야. 우선 우리 아이들이

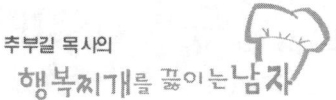

기죽어서는 안돼! 그리고 지금 나, 새 직장 얻었어! 실직자도 아니야. 괜찮아, 그만 울어! 내가 당신 굶길 것 같아?"

오해는 오해를 낳는다. '왜 저럴까?'라는 생각이 들 때 '뭔가 이유가 있겠지'라고 생각하면서 한번 이해해 주려고 하면 관계는 나빠지지 않는다.

나만 해도 그렇다. 완벽주의적 삶을 살았던 시절, 모든 것이 불만이고 육신은 육신대로 피곤하기 짝이 없었다. 그런데 한 꺼풀 접고 나니까 그렇게 자유로울 수가 없는 것이다. '사는 데 지장 없으면 그냥 넘어가자'는 생각도 그 후에 나의 삶에 배어든 것이다. '자유함'이라는 것은 바로 양보와 이해에서 비롯된다는 것도 깨닫게 되었다. 그렇다고 대충대충 살자는 것은 아니다. 내 욕심대로, 내 뜻대로만 이 세상을 살아가지는 말라는 것이다. 생각해 보면 상대방의 생각이 옳

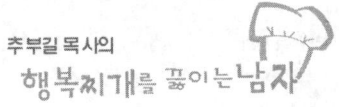

을 때도 많고, 꼭 그렇게까지 지적하지 않아도 별 문제가 생기지 않는다면 접어두는 것도 인간관계를 위해 좋은 것 아니겠는가?

한 걸음 더 나아가서 '이해'는 또 다른 '이해'를 낳는다. 그 '이해'가 상대방의 '이해'를 만나면 그곳에서부터 '사랑'이 싹트게 된다. 다시 말해서 '이해'가 '관계를 형성하는 밑거름'이 되어 '사랑'을 꽃피우게 된다는 것이다. '그럴 수도 있지'라고 이해하고, '얼마나 아버지로부터 상처를 많이 받았으면…' 하면서 남편의 돌출행동을 가슴으로 다 받아준다면…. '그래, 피곤하니까 저러겠지', '학교에서 시험을 못봤으니 얼마나 속이 터지겠어? 부모인 나보다도 자신이 더 가슴 아프겠지…' 하면서 넘어가 주기만 한다면…, '그래, 얼마나 급하면 저렇게 갑자기 끼어들 정도로 운전할까?', '저 사람, 가슴속에 얼마나 분노가 꽉 차 있으면

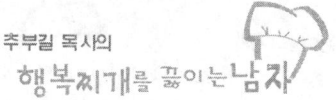

저런 행동을 하겠어. 불쌍히 여겨줘!'. 이런 이해가 가득하다면 세상이 달라지지 않을까?

5-3=2, 2+2=4. 이 산수 공식이 온 세상에 널리 퍼졌으면 좋겠다. '나라가 왜 이 꼴일까?'라는 한심한 생각이 들기도 하지만 그래도 우리나라에 '5-3=2, 2+2=4'라는 공식을 가지고 살아가는 사람들이 있는 한, 이 세상이 그렇게 삭막하지는 않을 거라는 위안도 해보게 된다.

먼저 우리의 가정에서부터, 그리고 내가 속한 직장에서부터 이 공식을 생활화 해보자. 그것이 행복을 만들어가는 지름길이 될 것이다.

적용 부부 사이, 그리고 인간관계에서 5-3=2의 원리를 적용해봅시다. 내가 조금만 양보하고, 그냥 손해 본 듯이 살다보면 그것이 결국은 '남는 장사(?)'라는 것을 알게 될 것입니다.

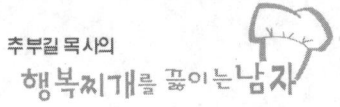

행복한 가정을 만드는 9가지 비결

얼마 전 미국에서는 성직자와 심리학자, 가정 상담가, 교육자 등 500명에게 행복한 가정을 만들기 위한 비결을 질문하여 정리, 그 결과를 책으로 펴낸 적이 있다. '건강한 가정의 모습'이라는 이 책에 의하면 행복한 가정을 만들기 위한 비결로 공통적으로 지적된 것이 9가지였다는 것이다. 베스트셀러가 될 정도로 미국인들에게 많이 읽힌 이 책에서 권하는 9가지 비결은 다음과 같다.

첫째, 가족 서로가 말하고 듣는 것을 성의 있게 하라는 것이다.
잘 듣고 빈정거리는 말투를 삼가라고 권하고 있다.

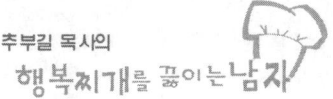

잘 들어주는 것은 그 사람의 마음 문을 열게 만드는 가장 좋은 방법이다. 말하는 사람의 눈을 쳐다보면서 경청한다면 어느 누구도 마음 문을 열지 않을 수 없다. 이러한 원리는 자녀들에게도 마찬가지이다.

부모들은 흔히 자녀들이 말을 하면 "네가 뭘 안다고 그래?", "그만해", "시끄러워!" 같은 말로 중단시키기 일쑤이다. 자신의 의견을 한번도 끝까지 표출해 보지 못하고 자라난 아이들의 장래가 어떻게 될지는 보지 않아도 뻔하다. 부부간에도 마찬가지이다. 아내가 무슨 말을 할 때 결론만 듣기를 원하는 남편들은 "그래, 결론만 간단히 이야기 해! 뭐 그렇게 쓸데없는 이야기를 해!", "시끄러워!", "됐어!" 라고 쉽게 말한다. 그러나 그 말이 아내의 가슴에 비수같이 꽂히고 있다는 것은 생각지도 않는다. 더불어 절대 빈정거려서는 안된다. 그것은 배우자를 실족시키는 길이다.

지금이라도 늦지 않았다. 성의 있게 잘 경청한다면

부부관계는 당장 변화하기 시작할 것이다. 그리고 포옹하고 격려하며, '손가락질하지 말라'고 권면한다.

포옹은 사랑을 저축하는 최선의 방법이다. 격려의 말, 칭찬의 말이 넘치도록 해야 한다. 손가락질은 상대방을 향할 것이 아니라 자신을 바라보도록 해야 한다. 모든 게 내 탓이라는 생각을 가져야만 하는 것이다.

둘째, 안정된 자기 모습을 보이라는 것이다.

가장이 불안한 모습을 보일 때 가족 구성원 모두가 흔들리게 된다. 부모가 모두 불안 가운데 휩싸이면 자녀들은 지진 가운데 떨고 있는 형상이 되고 만다.

어려운 일을 당할수록, 힘든 일이 닥쳐올수록 담대해야 한다. 그 담대함을 얻는 비결이 바로 '주만 바라보는 것'이다. 사람을 의지하지 말고 주만 바라보라. 그럴 때 안정된 마음이 찾아들게 될 것이다.

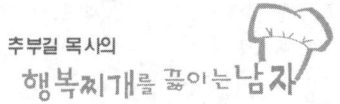

셋째, 유머를 잃지 말라는 것이다.

너무 점잖으면 가정이 박물관처럼 된다. 근엄하고 딱딱하면 사랑이 싹틀 여지를 없애 버린다. 함께 즐거워하라. 함께 웃으라. 그럴 때 세상은 긍정적으로 내게 다가온다. 그럴 때 사랑이 한 아름 가득 내 품안에 다가와 있음을 발견하게 될 것이다.

넷째, 분쟁은 빨리 매듭지으라는 것이다.

부부싸움 오래해서 좋을 게 무엇이 있겠는가? 짧고 간단하게. 이것이 바로 부부싸움의 절대적 지침이다. "해가 지도록 분을 품지 말고(에베소서 6:4)" 자기 전에는 반드시 화해하라는 것이다. 길어질수록 서로가 손해이다. 심령이 병들고 육체 또한 상하게 된다. 특별히 부부싸움이 자녀들에게 노출될 때 자녀는 지옥을 맛보는 경험을 하게 된다는 사실을 잊어서는 안된다.

다섯째, 바르고 잘못된 것을 분명히 하는 것이 건강한 가정의 초석이 된다는 점이다.

부모는 자녀에게 준법정신, 정의감, 정직, 공중도덕 등 바른 길을 택하는 모습을 보여 주어야 한다. 부모도 실수할 수 있다. 그러나 중요한 것은 실수했을 때 사과를 해야 한다는 것이다. 부모라고 해서 자녀들에게 용서를 구하지 말라는 법은 없다. 이러한 부모의 마음은 자녀들이 잘못했을 때 용서를 구하고 부모 품으로 돌아오게 하는 지침이 되는 것이다. 운전하다가 교통법규를 위반 했을 때에도 교통경찰에게 우기면서 거짓말하기 보다는, 솔직히 시인하고 딱지를 받는 것이 좋다. 중요한 것은 그 다음이다. 동승한 아이들에게 부모 자신의 실수를 인정하고 경위를 설명해 주는 것이 좋지 않겠는가? 자녀들의 준법정신, 도덕성은 부모들의 모습을 보면서 배우게 되어 있다. 횡단보도를 건너더라도 먼저 솔선수범하는 자세가 필요하다는 것

이다.

 여섯째, 가족이 하나라는 의식을 전통으로 세워야 한다는 것이다.

 우리 모두가 하나라는 공동 운명체의 개념을 심어주기 위해서는 자녀에게도 책임감을 부여하고 사명을 심어주어야 한다. 중요한 일일수록 함께 모여서 상의해야 한다. 자녀에게도 의견을 구할 필요가 있다는 것이다. 이를테면 집을 옮기는 문제가 생겼을 경우 부모의 생각대로 무조건 결정한 다음 자녀들에게 통보하는 것이 아니라, 자녀들의 의견도 충분히 듣고 이사하는 것을 결정하라는 것이다. 설사 부모가 이미 결정했더라도 자녀들에게 동의를 구하는 절차라도 있다면 자녀들은 가족의 중요한 일에 자신도 중요한 역할을 했음을 깨닫고, 하나 된 운명체로서 생각을 다지게 될 것이다. 공동 운명체란 의식이 희박할 때 이혼을 생각하게

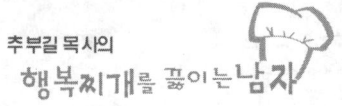

되고 관계도 삭막해 진다. 따라서 문제가 발생했을 때 사소한 것이라도 함께 모여 대화하며 극복하는 자세가 필요하다는 것을 잊지 말자.

일곱째, 가족과 더불어 나누는 기쁨을 맛보는 것이 행복의 요소라는 것이다.

함께 즐거워하고, 축하할 일이 있거든 가족 모두가 함께하는 장을 만들어 축하해 줄 필요가 있다. 이런 의미에서 가족회의는 자주 열어야 한다. 한 주간의 삶을 돌아보고, 지난 한 달, 지난 1년의 삶을 돌아보면서 감사의 기쁨을 서로 나누기도 하고, 우리 가족 가운데 역사해주신 하나님께 찬양도 드리는 예배 겸 가족회의가 자주 열린다면 얼마나 좋을까? 자녀들의 아픈 마음, 즐거운 마음 등을 부모가 공감해주고 함께 느껴준다면 얼마나 좋을까? 가족에게서 만족의 공통분모를 발견할 수만 있다면 그 가정이 바로 작은 천국일

것이다.

여덟째, 자원봉사, 구호활동 등 대외적인 봉사에 힘쓸 때 가정행복은 배가된다는 것이다.

불우한 가정을 돌볼 때 가정의 문제는 자연 해소될 수 있다. 가족간에 충돌이 있거나 권태나 사소한 감정대립 등으로 마음이 불편할 때 이러한 문제는 가난하고 어렵고 고통당하는 이들을 돌볼 때 자연스럽게 해결될 수 있다는 것이다. 이런 의미에서 교회봉사나 사회복지시설 봉사에 힘써야 한다. 특별히 사랑을 나누어야 할 계절에는 내 주변에 소외된 이웃이 없는지 살펴보고 그 현장들을 자녀들과 함께 방문하라. 그리고 그 현장, 그 사람들을 위해 부모와 자녀가 손을 마주잡고 중보기도 한다면 그 가정에 과연 갈등이 찾아들 틈이 있겠는가?

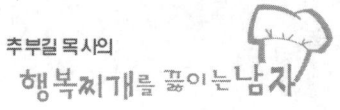

　마지막으로 아홉째는 가정에 있는 시간의 길이와 행복의 길이는 비례한다는 점이다.

　성령 충만하기 위해서는 세 가지의 필수 조건이 있다. 우선 하나님과 함께 하는 시간을 많이 가져야 하고, 또 하나님과 많은 대화를 나누어야 한다. 그것이 바로 기도이다. 세 번째는 하나님에 대해서 많이 알아야 한다. 그러기 위해 성경공부를 하는 것이다. 이러한 성령 충만의 원리는 부부간에도 그대로 적용된다. 부부간에, 가족간에 사랑이 충만하기 위해서는 우선 가족이, 또는 부부가 함께 하는 시간을 많이 가져야 한다. 그리고 함께 하면서 많은 대화를 나누어야 한다. 더불어 서로에 대해 많이 알아야 한다.

　이런 측면에서 볼 때 '시간이 돈'이 아니라 '시간이 행복'이다. 분명한 것은 행복은 막연한 기대로 이뤄지지 않는다는 점이다. 행복이라는 것은 우리가 시간을 투자해서 노력하여 얻어내야 할 과제인 것이다. 더 많

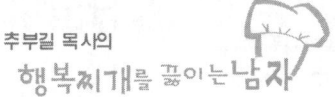

은 시간을 가정에 투자하라. 이것이 수입을 올리는 것보다 낫다. 부부가, 그리고 가족이 함께 많은 시간을 가지면서 대화를 나누고 서로에 대해 깊이 알아간다면 그 가정에 반드시 행복이 찾아들게 된다.

적용 행복해지기 위한 9가지 비결을 하나씩 점검해 가면서 10점 만점으로 평가해 보십시오. 그리고 부족한 부분이 무엇인지도 찾아내십시오. 그 문제를 오늘 집중적으로 해결해 보시지 않으시겠습니까?

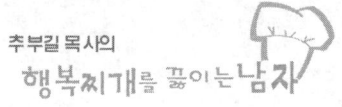

높이 나는 새가 멀리 볼 수 있다!

 20년 후, 30년 후 우리 자녀의 모습은 어떠할까? 사회에서는 어떤 일을 하고 있을 것이며 그때 교회에서는 무엇을 하고 있을까? 그때 그 모습이 하나님 보시기에 참으로 좋을 것인가? 40살이 넘은 내 자녀의 모습을 상상해 보자. 성격은 어떠할까? 다른 사람을 대하는 태도는 어떠할까? 신앙생활은 열심히 하고 있을까? 아침에 일어나서 Q.T는 하였을까? 저녁에 기도는 하고 잘 것인가? 자녀들에게 무슨 말을 해주고 있을까? "공부해라, 공부해!"라는 말만 하고 있지는 않을까? 미국의 어느 잡지에 '당신의 꿈만큼 당신은 성공할 수 있습니다'라는 광고가 실린 적이 있다. 그리고 그 밑에 '정신이 가리키는 곳으로 성장은 따르게

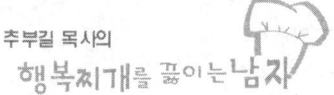

마련입니다'라는 부제가 달려 있었다. 그렇다. 우리의 마음에 무엇을 담고 있느냐, 꿈을 어디에 두고 있느냐에 따라 삶이 달라질 것이며 인생의 질도 달라질 것이다. 그런데 요즘 아이들은 아예 꿈을 생각하지 않는 듯 싶다. 장래의 꿈, 미래에 대한 비전을 자꾸 키워 나가야 한다. 큰 꿈을 가져야 한다. '나는 무엇이 될 것인가?'를 항상 생각하게 해야 한다. 그 꿈을 달성하기 위해 지금 나는 무엇을 해야 할 것인지를 스스로 생각하게 해야 한다. 지금 내가 하고 있는 이 행동이 꿈을 달성하는데 어떤 이점이 있는가? 책을 한 권 보더라도 이것을 생각하고 친구 한 사람을 만나더라도 항상 꿈을 생각하면서, 비전을 생각하면서 그 상황에서 최선의 선택을 할 수 있게끔 해야 한다.

'네 보물이 있는 그 곳에는 네 마음도 있느니라' (마태복음 6:21)

추부길 목사의
행복찌개를 끓이는 남자

여기서 보물이란 우리가 결국 얻어내고자 하는 목표를 의미한다. 그것이 '꿈'이다. 꿈이 있는 곳에 나의 마음도 있는 것이다. 성경에 나타나는 많은 위대한 인물들이 꿈을 먹고 산 것을 볼 수 있다. 요셉이 그러했고 야곱도 그러했다. 그리스도인으로서 우리는 자녀들에게 어떤 꿈을 심어주어야 할까? 그저 세상적인 성공? 좋은 직장? 많은 재산? 교수가 되고 군인이 되고 대통령이 되는 꿈? 다 좋다. 그러나 궁극적으로 우리가 소원해야 하는 꿈이 무엇인가를 잘 생각해 볼 필요가 있다. '헛되고 헛되도다 모든 것이 헛되도다'(전도서 12:8)는 말씀을 기억하라. 부모들의 '못 다한 꿈'이 아니라 자녀 스스로가 '선택한 꿈', 그 '꿈을 이루기 위해 하나님께 나아가는 자'가 되게 하자. 물론 그 꿈이 자주 바뀔 수도 있을 것이다. 그렇다 하더라도 부모된 우리는 책망을 할 것이 아니라 진지하게 들어주면서 부모된 자로서 뜻과 조언만 이야기 해주면 된

추부길 목사의
행복치개를 끓이는 남자

다. 그래서 스스로 성취해 나가도록 해야 한다. 세상적으로 성공하는 꿈도 있을 것이다. 그러나 거기에 덧붙여서 '하나님께 어떤 방법으로 더 쓰임 받을 수 있을지'도 생각하게 만들자. 어떤 이는 선교사의 꿈도 있을 것이다. 어떤 이는 평신도 사역자로서 큰 힘을 발휘하는 사람도 있을 것이고, 전임 사역자로서의 꿈도 있을 것이다. '하나님께 쓰임 받는 삶'을 목표로 자녀의 꿈을 만들어 주자.

부모들이여, 자녀들에게 꿈을 심어 주자. 그 꿈을 일생의 푯대로 삼고 하루하루 최선을 다해 살아가도록 가르치자. '그 꿈을 가진 나를 통해 하나님께서 성취'

적용 자녀들의 꿈을 위해 구체적으로 기도합시다. 기도의 씨름을 합시다. 꿈은 우리를 배반하지 않으며, 참으로 하나님께 합당한 꿈이라면 반드시 성취되게 되어 있습니다.

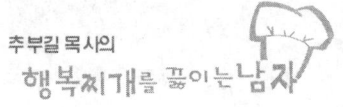

결혼은 거듭나는 것입니다

우리는 결혼을 '새 출발'이라고 한다. 그것은 새로운 인생이 시작된다는 것을 의미하는 것이다. 과거 어두운 환경 가운데서 많은 상처와 아픔을 경험한 사람들도 '결혼'이라는 울타리 안에서 부부 서로가 아픔을 감싸주고 무조건적인 사랑을 베풀어주며 '치유자'로서의 삶을 살아가야 한다. 그럴 때 모든 상처가 치유되며 그 모든 것을 다 씻어버리고 새롭게 출발할 수 있다는 것이다.

그런 의미에서 결혼은 거듭나는 것이라 할 수 있다. "그런즉 누구든지 그리스도안에 있으면 새로운 피조물이라"고 성경은 말씀한다. 그러면서 "이전 것은 지나갔으니 보라 새 것이 되었도다"라고 선언하고 있

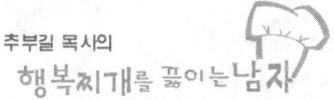

다. 거듭났다는 것이 무엇을 뜻하는 말인가? 과거에 내가 어떤 삶을 살았건, 지금 그 순간으로부터 새로운 종이에 인생을, 삶을 그려간다는 것을 말한다.

마찬가지로 결혼을 통해 그 거듭남을 맛보아야 한다. 결혼을 하는 그 순간부터 부부는 사랑으로 하나가 되어 모든 것을 치유하는 거듭남의 역사를 이루어가야 한다. 이러한 거듭남에의 도전은 일평생 지속된다. 날마다 우리는 자신을 죽이는 훈련을 하여야만 한다. 결혼이라는 관계를 통해 나의 이기심을 버리는 훈련을 이루어가야만 한다. 나의 생각보다는 하나님의 공의를 생각하고, 나의 주장보다는 배우자의 생각을 먼저 고려하는 '거듭난 사람'이 되어야 한다는 것이다. 물론 이 일이 쉬운 일은 아닐 것이다. 순간순간 가슴 속에서 치밀어 오르는 분노나 갈등의 요소들이 우리를 가만두지 않을 것이다. 마치 내가 예수와 하나 되기로 작정할 때, 사단이 가만 내버려 두지 않는 것과 마찬

가지이다. 그래서 우리는 예수 그리스도와 하나 된 삶을 살아가기 위해 날마다 영적 전쟁을 치러야 하지 않는가?

결혼한 부부도 마찬가지이다. 두 사람이 하나 된 마음으로 살아가기 위해 날마다 영적 전쟁을 치러야만 한다. 자신을 죽이는 훈련을 거듭해야만 한다. 그래서 가정은 '하나님과의 관계를 훈련하는 장'이라고 말을 한다. 가정을 천국의 축소판이라고 말을 하는 것이다.

만약 내가 지금 배우자와의 관계가 흐트러져 있다면 곧바로 하나님과의 관계에도 문제가 있다는 것을 알아야 한다. 내 마음 가운데 배우자를 향한 분노가 있다면 하나님과의 관계에서도 균열이 생기고 있음을 알아야 한다. 모든 것이 투명하게 다 드러나는 부부관계에서 말씀을 잘 적용하고 살아간다면, 그 사람은 하나님 앞에서 바른 삶을 살아가고 있다고 말할 수 있는 것이다.

추부길 목사의
행복찌개를 끓이는 남자

    그렇기 때문에 우리는 결혼을 기점으로 날마다 거듭 남의 축복을 누리며, '나는 새로운 피조물'이라는 하나님의 말씀을 날마다 기억하며, 서로를 향해 '상처입은 치유자'로 살아가야 한다. 부부란 한 방향을 바라보며 살아가는 사람들이다. 일생동안 예수 그리스도를 향한 푯대를 붙잡고 살아가는 그리스도에 붙들린 부부, 그리스도의 향기를 전하는 부부, 세상 속에 빛과 소금이 되는 부부가 되기를 간절히 기원한다.

적용 나의 결혼 생활은 진정으로 거듭났습니까? 또한 나는 배우자를 위하여 '상처입은 치유자'로서의 역할을 감당하고 있습니까?

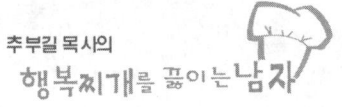

신세대 결혼,
영적 혼수감이 필요하다!

이혼율의 급증이 우리에게 충격을 주고 있다. 2001년의 '이혼실태 보고'에 의하면, 무려 42.6%가 이혼했다고 한다. 이는 OECD국가중 3번째로 높은 비율이다. 세계화가 엉뚱한 곳에서 먼저 이루어지고 있지 않나 하는 생각도 든다.

이토록 이혼율을 증가시킨 근본적인 이유는 신세대의 이혼이 급증하고 있다는 데 있다. 쉽게 결혼하고 쉽게 이혼하는 인스턴트식 사고(思考)가 만연하고 있다는 증거이다. '한국 가정법률 상담소'는 신세대의 결혼이 인생의 목표 창출로서의 결혼이 아니라 '나이가 차서'라든지 아니면 '같이 살고 싶어서' 등의 '결혼을 위한 결혼'과 '단지 조건만을 생각한 결혼을 하

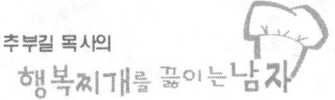

기 때문에' 쉽게 이혼을 생각하게 되는 것이라고 밝히고 있다. '검은 머리 파뿌리 되도록'이 아니라 '싫어지는 요인이 발견될 때까지', '돈이 있을 때까지'와 같은 조건부 결혼을 하는 것같은 기분으로 살아가는 것이 신세대 결혼의 특징이라는 것이다.

신세대는 자기주장이 누구보다도 강하여 '남편에게 순종한다'는 것은 그야말로 구석기 시대에나 통용되는 일로 치부되고 있다. 가사 역할 분담에 있어서도 무조건적 평등해야 하고, 불편과 희생의 감수는 빈민촌에서나 있을 법한 것으로 여기고 있다. '당신은 나의 모든 것'이라는 사랑의 언어는 서로가 필요한 경우에만 한정되는 이기주의적 용어가 되어 버렸다.

아담을 창조하신 하나님은 곧 바로 하와를 데려다 주지 않고 많은 시간을 소비하게 하신다. 에덴동산의 여러 창조물들에게 이름을 붙여보게 하시면서, '돕는 배필'을 애타게 기다리게 만드신다. 한참의 시간이 지

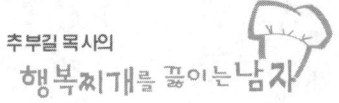

난 후 하나님은 아담에게 결혼의 조건이나 도움을 구하지 않고, 잠든 사이에 아담의 가장 소중한 부분의 하나인 갈비뼈로 하와를 창조해 내셨다. 그렇게도 기다리던 배필을 발견한 아담은 이렇게 소리친다.

"이제야 나타났구나, 이 사람!" (창세기 2:23, 새번역)

얼마나 애타게 기다렸으면 그렇게 소리쳤을까? 그런데 하나님은 왜 아담과 하와를 동시에 창조하지 않으셨을까? 돕는 배필을 주실 것이라고 예고하신 후에도 한참의 시간이 지난 후에야 하와를 데려 오셨을까?

결혼은 때가 있다. 결혼에 앞서 부모와의 정신적 탯줄도 끊어야 하고 독립적인 인생관을 가져야 하며, 결혼의 허와 실에 대한 분명한 개념을 가져야 한다. '결혼의 바다는 암초로 가득하다'. 그것은 '사랑이 눈을 멀게 하는 반면, 결혼은 눈을 뜨게 하기 때문'이다.

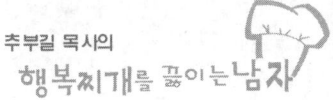

'육체의 향락을 쫓는 결혼은 빙판 위에 집을 짓는 것과 같다'(톨스토이). 우리는 왜 결혼하려 하는지 그 목표를 분명히 정해야 한다. 전자 제품 같은 혼수물품이나 집 장만이 중요한 것이 아니라, 영적인 혼수감을 준비하는 것이 더 시급하다. 결혼을 통해 이루려는 하나님의 뜻을 알아야 한다. 가정이 왜 소중한지에 대해서도 잘 알아야 한다. 남녀가 만나서 그냥 살면 되는 것이 아니라는 것도 알아야 한다. 다른 공부는 참으로 열심히, 그것도 과외까지 해 가면서 배우지만, 인생에 있어서 참으로 중요한 과정인 결혼에 대해서는 공부를 하지 않는다.

젊은 청춘 남녀들이여! 결혼에 대한 막연한 환상과 기대를 버리라. '결혼은 해도 후회하지만 하지 않아도 후회한다'는 말을 기억하라. '혼인은 하나님이 짝지어 준 것이지만 관리의 책임은 사람에게 있다(돕슨).' 하나님의 설계에 맞춰 어떻게 부실 공사를 하지 않고 제

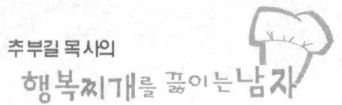

대로 건축해 가는가가 성공적인 결혼의 비결이다. '남편과 아내, 그리고 하나님'의 세 주인공이 하나가 되어야만 훌륭한 결혼이 될 수 있다.

기독교인의 결혼이 갖는 세 가지 목적 - '남자와 여자의 생애를 풍요하게 하는 것이요, 가족을 형성하는 것이며, 하나님의 왕국을 전진시키는 것(로데)', 이것을 잊지 말자.

적용 결혼이 갖는 세가지 목적, 각각을 생각하면서 그 목적을 이룰 수 있도록 구체적인 기도를 해 보시지 않겠습니까?

추부길 목사의
행복찌개를 끓이는 남자

떠남의 원리와 진정한 효도

 부부 세미나를 하다보면 성경에서의 '떠남의 원리'가 중요하다는 말을 하게 된다. 그러면서 '부모를 떠나야만 정신적으로, 영적으로 건강한 삶을 살 수 있다'고 말한다. 나이 드신 분들을 대상으로 가정세미나를 할 때도 마찬가지의 말을 한다. '자녀를 떠나보내야 건강한 노후를 보낼 수 있다'라고 강조한다. 그럴 때 혹자들은 '그렇다면 부모에게 효도하지 말라는 말이냐?'고 반문한다. 분명 그렇지 않다. 기독교는 효의 종교이다. 당연히 부모님께 순종해야 하고 또 공경해야만 한다(에베소서 6:1-3). 그렇게 해야만 우리가 '이 땅에서 생명이 길고 복을 누릴 수가 있다'고 성경은 말한다(신명기 5:16).

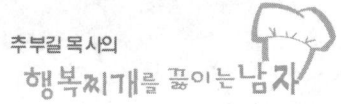

　그렇다면 '부모를 떠나라'는 말과 '부모에게 효도하라'는 말은 반대되는 말인가? 인간은 일생에 '몇 번의 떠나야 할 순간'을 맞이한다. 그 때마다 떠나지 않으면 문제가 생긴다. 가장 첫 번째 떠남은 무엇일까? 남자의 몸에서 정자가 떠나야 엄마의 몸속에 있는 난자와 수정을 하게 된다. 더불어 엄마의 몸을 떠나야 독립된 인간으로 살 수 있게 된다. 우리는 이것을 '탯줄을 끊는다'고 표현한다. 곧 육체적 탯줄을 말하는 것이다.

　그런데 결혼을 하게 되면 '그 남자가 부모를 떠나야 한다'. 이 때 또 한 번의 탯줄을 자르게 되는데, 그것이 '정신적 탯줄'이다. 이것을 하지 못하기 때문에 가족간의 관계가 파괴되는 아픔을 겪게 되는 것이다. 또 부모들은 자녀를 결혼시킬 때 자녀의 정신적 탯줄을 잘라주어야 한다. 그래야 건강한 노후를 보낼 수가 있다는 것이다.

그렇다면 정신적인 탯줄을 끊는다는 것이 무슨 의미가 있을까? 왜 하나님께서는 '네 부모를 떠나라'고 말씀하셨을까? 인간은 성장하면서 어쩔 수 없이 부모를 따를 수밖에 없게 되어 있다. 그런데 결혼을 함과 동시에 그때부터는 가정의 중심이 부모가 아닌 부부가 되어야 한다. 하지만, 부모를 떠나보내지 못하면 그 가정의 1순위가 항상 부모일 수밖에 없다. 그렇게 되면 자녀는 무슨 일이 있을 때마다 부모를 의지하게 된다. 그 의지에 부모 역시 익숙해지고, 그러다 보면 부모는 자녀를 바라보면서 일희일비하게 되는 것이다.

'떠난다'는 것은 영적으로 말하자면 이때까지 아버지가 가지고 있던 '축복권'과 '말씀권', 그리고 '신앙 전수권'을 가지고 떠난다는 것을 의미한다. 즉, 가장으로서 새로운 제사장 역할을 해야 함을 말한다. 그런데 부모에게 계속 의지한다는 것은 그 모든 권한을 포기해 버린다는 말과 다름없다. 그것은 결국 하나님이

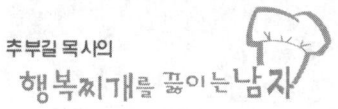

원하시는 그리스도인의 가정을 확대시키지 못하는 우를 범하게 된다.

그뿐 아니다. 자녀에게 관심을 쏟고 사는 부모는 자녀 내외의 일거수 일투족에 의해 하루의 삶이 달라진다. 이렇게 되면 부모는 심리적으로, 영적으로 결코 건강치 못한 삶을 살 수밖에 없다. 육체적인 건강도 당연히 잃게 된다. 자녀를 떠나보내지 못한 부모 역시 결국 이 세상을 떠날 때도 너무나도 많은 미련을 가지고 있기 때문에 편안한 임종도 맞기 어려울 수가 있다.

그런 의미에서 진정한 효도가 무엇인지 생각해 봐야 한다. 떠나보낸다는 것은 육체적으로 별도로 살라는 말이 아니다. 심리적으로 홀로 설 수 있도록 만들어 드리는 것이다. 자녀의 일거수 일투족에 모든 관심을 가지고 살아간다면 그 부모는 결코 '위엣 것'에 관심을 두지 못한다. 그저 '땅에 있는 것'만을 쳐다 볼 뿐

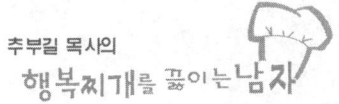

이다. 홀로 서있는 부모는 자녀의 행동거지에 따라 일희일비하지 않고 오직 하나님을 바라보며 살아간다. 결국 떠나지 않으면 하나님 나라를 잃어버리게 만드는 불효를 할 수도 있음을 깨달아야 하는 것이다.

효도. 당연히 해야만 하는 의무이다. 그러나 진정한 효도가 무엇인지 다시 한 번 생각해 볼 일이다. 어르신들이 하늘나라가 가까워 올수록 하늘에 소망을 둔 삶을 살아가도록 하는 것이 진정한 효도가 아니겠는가?

적용 우리 가정의 중심은 부부입니까? 부모님입니까? 부모님은 결혼한 자녀들을 떠나보냈으며, 자녀들은 부모님으로부터 진정으로 떠났는지 점검해 보십시오. 그리고 요즘 우리 부부의 갈등의 원인은 '진정한 떠남'이 이루어지지 않았기 때문이 아닌지 생각해 봅시다

3 간 큰 남 자
간 큰 여 자

'아내를 빤히 쳐다보는 남자'
'아내가 외출하는데 어디 가느냐고 묻는 남자'
40대 남자 중에서 간 큰 남자를 지칭하는 말이다.
30대 때 남편들이 아내에게 주로 썼던 말들이 40대 되면서
전세가 뒤집혀서 '간 큰 아내'가 '간 큰 남자'로 바뀌게 된 것이다.
유행어이기는 하지만 인생 사이클의 비밀이 숨겨져 있는 말들이다.

38년만의 포옹

 결혼한 지 무려 38년, 본처와 사별한 후 재혼을 했던 노부부가 38년 만에 공개적인 장소에서는 처음으로 손을 잡았고 포옹을 했다. 이산가족도 아니고 매일 부부로서 마주치는 평상의 삶을 살았고, 약 3년 전에 예수님을 영접하기도 한 부부의 이야기이다. 특별히 유교 전통이 강한 가정에서 자랐고, 농촌에서 생활하기에 더욱 남의 눈을 의식하면서 살았는지도 모른다.
 이분들이 자녀들의 성화에 못 이겨, 관광 삼아 사이판에서 열렸던 부부세미나에 참석하게 되었다. 자녀들이 노부모에게 준 숙제는 '손을 꼭 한 번 잡게 하시는 것'이었다. 그리고 진행을 맡았던 나에게도 '부모님께서 공개적으로 손 한번 잡아 보시게 해 달라'고 신신

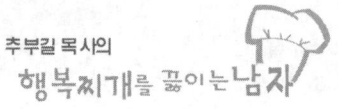

당부를 하였다. 이 노부부는 우려했던 것과는 달리 조금은 딱딱한 세미나 시간에도 빠지질 않고 참석했고, 단체로 하는 노래 연습과 사랑 만들기 순서에도 잘 적응해 주셨다. 우리는 첫날부터 부부가 손잡고 다녀야 한다는 것을 몇 차례 주문했으나 "에이, 남사스럽게…"하면서 웃음으로 거절하시곤 했다. 세미나 이틀째 아침, 드디어 결혼한 지 38년만에 처음으로(아마 이런 것을 두고 역사적 사건이라 해야 할 것이다) 공개적인 장소, 엄격하게 말하면 문밖에서 처음 손을 마주 잡았다. 너무나 쑥스러워 하면서도 얼마나 좋아하시는지…. 특히 아내의 얼굴은 마치 새댁같이 흥분되어 있었다. 소감을 물었더니 "좋죠. 좋죠."만 연발하셨다. 세미나 사흘째, 더욱 파격적인 일이 벌어졌다. '접촉'의 중요성에 대한 강조를 하면서 젊은 부부를 포옹하게 시켰더니 이 노부부도 하겠다고 나선 것이다. 사랑을 노래하는 찬양에 맞춰서 노부부의 포옹(실

로 38년만의 첫 번째 공개적 포옹이었다)은 참으로 아름다운 그림이었다. 할머니는 계속 노래도 못 부르시고 눈물만 흘렸다. "지금 기분이 어떠세요?" "…"

그저 눈물로만 대답하셨다. 남편 되시는 할아버지에게 "아내를 사랑하시냐"고 물었다. "물론이죠. 사랑해요.". "직접 고백을 한 번 해보시죠. 아주 젊은 시절, 청춘이라고 생각하시고 말이죠." "여보, 사랑해요. 당신 나 때문에 너무 고생…." 더 이상 말을 맺지 못하신다.

마지막 날, 이 노부부를 앞으로 나오시게 했다. 이번 세미나를 통해서 느낀 점이 무엇인지 질문하였다.

"딸네들 성화에 못 이겨서 그저 관광 삼아서 왔지요. 그런데 이런 좋은 일이 있을 거라곤 생각도 못했어요. 고마워요. 고마워요. 정말 고마워요…." 이 노부부를 위한 축복기도가 이어지는 동안 통곡하듯 흐느끼는 할머니를 보며 모두가 자신의 일인양 기뻐하며

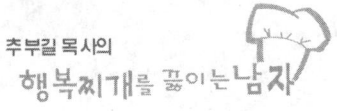

눈물을 흘렸다.

 살면서 부부가 하나가 된다는 것이 얼마나 소중한 일인지 모른다. 거기에다가 '하나'임을 느끼고 풍성하게 사는 것은 더더욱 축복된 일이다. "그저 마음만 있으면 되었지 꼭 행동으로 표현해야 되나?"라고 말할지 모르겠다. 그러나 '사랑은 표현'이다. 구체적인 현상으로 드러나야 느껴지게 되어 있다. 우리가 잊지 않아야 할 것은 나이가 들었다고, 노인이라고 사랑 표현을 바라지 않는 것은 아니라는 것이다.

 유명한 정신과 의사요 심리학자이며 영성이 깊은 크리스천인 '폴 투르니에'도 80세가 넘어서 재혼을 한 바 있는데, 그는 그 나이에도 "성생활은 물론이고 부부간의 깊은 사랑을 나눈다"고 고백한 바 있다. 하나님께서 맺게 해 주신 이 부부의 인연. 인생이란 참으로 짧은 것이다. 정말로 사랑만을 담기에도 부족한 아주 작은 나룻배이다. 이 돛단배가 비록 망망대해에 떠

추부길 목사의
행복찌개를 끓이는 남자

있기는 하지만, 하나님의 사랑을 느낄 때는 짙푸른 바다도 포근하게 느껴진다. 하지만 하나가 되지 못한 부부일 경우는 폭풍우 몰아치는 한가운데 서 있는 일엽편주에 불과한 것이다. 사랑의 표현을 통해서 구체적으로 느끼는 그 풍성함을 우리 모든 지체들이 느끼게 되기를 소원한다.

적용 우리 부부는 사랑의 표현을 잘 하고 있습니까? 마음으로만 생각하고 표현하는 데에 무디지는 않습니까? 잊지 마십시오. 사랑은 구체적인 표현으로 드러나야 한다는 것을…. 왈, 배우자에게 "당신, 사랑해!"라고 표현해 봅시다.

나는 뒤끝 없는 사람

"우리 집같이 행복한 가정 있으면 나와 보라고 그래!"라고 장담하던 어느 가정에서 논쟁이 붙었다.

이제는 성인이 된 아들이 "사실 아빠 때문에 스트레스 많이 받았어요. 아빠가 화를 내고 큰소리 치시면 그것으로 끝나 버릴지 모르지만, 그것을 받아들여야만 하는 가족들은 엄청난 스트레스 속에서 며칠을 헤매야 하는지 모르셨죠?" 이 말에 그 아빠는 대단한 충격을 받았다.

아빠는 보통 눈에 거슬리는 것은 곧이곧대로 말해야 직성이 풀리는 사람이었다. 그렇다고 '꿍' 하고 오래가질 않고 쏟아 내놓고 나면 '언제 그랬냐?'는 듯이 다

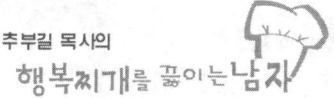

시 참으로 좋은 아빠로 변신하곤 했다. 자신은 항상 '뒤끝이 없는 사람'이니 무슨 말을 해도 괜찮다고 생각하는 모양이었다. 자신이 그토록 아끼고 사랑을 주었으며, 자신의 분신이라고도 할 만큼 끔찍이도 생각했던 큰아들에게서 '스트레스 운운'하는 이야기를 들었으니 배신감이 대단한 모양이었다.

"아니, 내가 언제 스트레스를 주었어? 그러면 잘못하는 것을 보고도 그냥 지나치라는 말이야?" 아빠의 말에도 일리가 있었다. 가장의 책무로써 잘못된 것을 지적하는 것은 당연한 것이다. "아니, 이 자식이 컸다고 이제 아빠의 권위에 대들어?" 스트레스 운운했던 그 말은 이제 부모에 대한 권위 도전으로 비약되었다.

이때 엄마가 끼어들었다. "사실 당신이 한 말에 잘못이 있었던 것은 아니예요. 당신이 훈계하실 때도 애들 마음을 그렇게 상하지 않고도 얼마든지 하실 수 있었잖아요. 당신은 뒤끝 타령하면서 막말까지 막 해 버

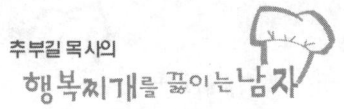

리면, 당신 스트레스야 다 해소될지 모르나 그 말을 들은 나나 아이들은 얼마나 스트레스가 쌓이겠어요?'

"아니, 내 말에 그렇게 스트레스를 받았나?"

"그럼요, 사실 당신 말에 나도 얼마나 스트레스 받았는지 몰라요. 가끔은 '당신 회사 직원들도 말로 표현 못하는 엄청난 스트레스를 받고 있겠구나' 하는 생각도 들어요. 당신은 아무런 생각 없이 내뱉는 말이지만, 그 말 한마디가 가슴속에 비수같이 콕콕 박힐 때가 있어요. 그런 심정 이해하세요?"

"내가 그랬었나?"

우리는 흔히 '뒤끝이 없음'이 대단한 자랑거리인양 말한다. 그러한 성격이 인간관계에는 대단히 좋은 듯 알려져 있고, 또 그렇게 생각들을 하고 있다. 그러나 분명 아니다. '웃느라 한 말에 초상난다'는 말이 있다.

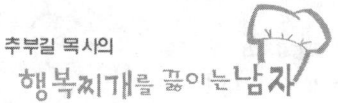

 '혹은 칼로 찌름같이 함부로 말하거니와 지혜로운 자의 혀는 양약 같다'

 그렇다. 말이 이토록 무서운 것이다. 육체적 폭력도 나쁜 것이지만, 언어폭력은 칼 없는 살인이라고도 이야기한다. "말은 우리를 일으켜 세우기도 하고 우리를 무너뜨리기도 한다. 말은 우리를 병에서 낫게 하기도 하며 우리를 질병에 빠지게도 한다. 말은 우리를 파괴할 수도 있고 아니면 우리를 생명과 행복과 건강으로 풍성하게 할 수도 있는 것이다"

 '뒤끝이 없다'는 말은 분명 자신에게만 해당되는 말이다. 그 말을 들은 상대방은 '엄청난 뒤끝'을 감수해야만 한다. '나만 뒤끝 없으면 된다'는 생각같이 이기적인 것은 없다. '내가 뒤끝 없기 때문에 상대방도 당연히 뒤끝 없을 것'이라고 생각한다면 그 역시 대단한

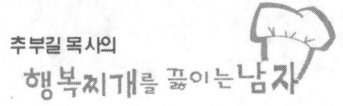

착각이다. '뒤끝 운운한 말 뱉기'는 분명한 언어폭력이다. '뒤끝 때문에 축적된 가슴의 진한 앙금'은 성인이 되어도 분명히 남아 있다. 앞의 예화가 그 증거이다.

심지어는 생생하게 그 말 한마디 한마디를 기억해 내기도 한다. 그래서 남을 비판한다는 게 가슴에 맺힌 한으로 남을 수 있다. 특히 자녀에게 더욱 그렇다. 상대방의 마음에 상처를 주지 않으면서도 하고자 하는 말을 다 전할 수 있는 그런 기술을 우리는 훈련해야 한다.

직장의 아랫사람이나 동료들에게 '뒤끝' 핑계로 하고자 하는 말을 막 했을 때, 스트레스를 받은 그 사람은 또 다시 '뒤끝 없는 말'을 다른 사람에게 전파할런지도 모른다. 이른바 '뒤끝의 악순환'이 시작되는 것이다.

나의 말 한마디가 남을 살리기도 하고 죽이기도 한

다. 말은 그만큼 무섭고 위력이 있기 때문이다.

"무릇 더러운 말은 너희 입 밖에도 내지 말고 오직 덕을 세우는데 소용 되는대로 선한 말을 하여 듣는 자들에게 은혜를 끼치게 하라."(에베소서 4:29)

적용 내가 평소에 배우자에게, 가족들에게 하는 말은 주로 어떠합니까? 나도 혹시 '뒤끝이 없는 사람'이라고 하면서 상대에게 말을 함부로 하는 것은 아닌지요?

여자는 파도와 같습니다

　남편들은 아내의 마음을 얼마나 알고 있을까? "다 안다"고 하는 것은 천만의 말씀이다. 결혼한 지 30 - 40년이 지난 부부들도 서로의 깊은 마음에 대해서 모르는 법이다. '열 길 물 속은 알아도 한 길 사람 속은 모른다'는 옛말도 있지 않은가? 크리스천 심리학자요 유명한 상담자인 '폴 투르니에'도 아내를 가르켜 '내가 영원히 그 주변을 맴돌 뿐 정박해야 할 선창을 결코 찾을 수 없는 신비로운 섬'이라고 표현할 정도이다.

　남자가 여자를 사랑하기 시작할 때 사랑받는 그녀는 사랑의 충족감으로 빛을 발하기 시작한다. 남자들의 착각은 여기서부터 시작된다. 여자의 그 빛이 영원히

추부길 목사의
행복찌개를 끓이는 남자

꺼지지 않고 계속 타오를 것이라고 생각한다. 마치 365일 내내 쾌청한 날씨만이 있을 것이라는 생각과 다름 없다. 그러나 사람은, 그 중에서도 여자는 멀어졌다가 또 가까이 다가오고, 자신과 남들, 특히 남편에 대한 사랑의 오르내림을 반복하게 된다. 사랑받고 있다고 생각할 때 아내의 마음은 마치 파도처럼 높은 곳에서 오르내린다. 기분이 좋아서 최고조에 이르렀다가도 갑자기 기분이 바뀌면 그녀는 사정없이 곤두박질친다. 파도의 정상에 있을 때는 아내의 마음에는 사랑이 충만하지만, 곤두박질 칠 때는 마음의 공허를 느끼며 사랑을 갈구하게 되는 것이다. 만일 아내가 평소에 부정적인 감정들을 억제하고 있었거나, 어릴 때의 상처들이 짙게 남아 있었다면, 자기도 모르는 사이에 그 모습이 -자신이 원하지 않는다 하더라도- 밖으로 삐쳐 나오게 된다. 이럴 때 남편들은 대체로 크게 당황하면서 '내가 무슨 잘못을 했기에 저러는가?' 하면서 "당

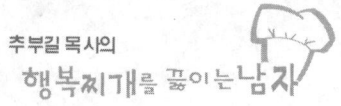

신 도대체 왜 그래?"와 같은 말로 심정을 표현하게 된다. 아내가 행복해하기에 자기가 잘하고 있다고 믿었는데, 순간 변화가 생기게 되면 남편은 '나 때문에 그러한 행동을 보이는 것이 아닌가?'라고 생각하기 때문이다. 아내가 그런 모습을 보일 때 아내를 탓하지 말라. 그렇게 말하거나 행동해서는 안된다고 책망하지도 말라. 또한, 아내의 기분을 끌어 올리려고 안간 힘을 쓰지도 말라. "그러면 안된다", "왜 그러느냐" 등의 말은 아내에게 전혀 도움이 안되기 때문이다.

아내가 감정의 파도타기에서 아래로 깊이 빠져 들어가는 그 순간이야말로 남편을 가장 필요로 하는 때이며 아내에게 무조건적인 사랑을 보여주어야 할 때인 것이다. 이 때 아내는 '함께 있어주고 이야기를 들어주며 아내가 겪고 있는 일에 대하여 함께 느낄 수 있는' 그런 사람을 필요로 한다.

감정이 그렇게 곤두박질하게 된 이유를 알 필요가

없다. 오히려 사랑과 관심, 그리고 아내에 대한 지지를 보여주면 그만이다. 파도는 깊이, 그리고 빨리 아래까지 곤두박질 쳐야 솟아오르는 속도도 빠르다. 진정으로 일어서려면 맨 밑바닥에 다다라야 하기 때문이다. 아내에 대해 책망하고 이유를 묻는 행위는 파도가 급강하하는 것을 못하게 계속 연장시키는 역할만을 하게 된다. 옆에서 사랑과 관심을 표현하는 것은 신속한 급강하를 돕게 되어 감정의 회복이 빠르게 나타난다. 아내의 마음이 바닥에 이르렀을 때 스스로 감정의 대청소가 시작된다. 물론 무의식과 어둡고 혼란한 감정 속에 빠져 있는 상태이고 어쩌면 아무 곳도 없는 곳에 혼자 내팽개쳐져 있는 듯한 외로움과 절망을 느끼고 있을지 모른다. 그러나 스스로의 '카타르시스'를 통해 아내는 다시 밝은 마음으로, 건강한 마음으로 되살아나게 된다. 그럴 때 '내가 잘 해주어서'라는 착각을 또다시 하지 말기 바란다.

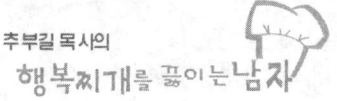

　아내는 이러한 감정의 파도를 21-35일 정도의 주기를 가지고 탄다는 통계가 있다. 아내가 갑자기 매사에 자신을 잃고 있는가? 성경 읽기, 기도에 흥미를 잃고 좌절하거나, 의기소침, 불안, 원망, 염려, 당황, 피곤, 무기력증, 심한 요구, 불신, 비난 등은 아내가 지금 감정의 파도타기에서 하강 곡선을 그리는 시점에 도달했다는 신호이다. 이때 남편의 역할은 '더 깊이 들어가도 안전하도록 아내를 지켜주는 것'이다.

적용 요즘 아내의 마음은 어떠합니까? 잊지마세요. 아내가 파도타기 중에서 하강 곡선을 그리고 있는 때라면, 남편의 사랑과 지지가 가장 필요한 때라는 것을!

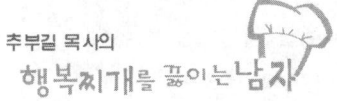

여자는 말하는 재미로 산다

'대화 굶주림 병'. 요즘 현대인의 공통 질병이다. 연애할 때는 눈만 쳐다보아도 말이 통했었는데, 언제부턴가 부부간의 대화가 꽉 막혀 버려 답답해 죽을 지경이라고 호소하는 부부들이 한둘이 아니다. 풍성하고 신나는 부부 생활의 필수 요건은 바로 부부간의 대화가 회복되는 것이다. 미국의 통계에 의하면 1주일간의 부부 대화의 시간을 조사해 본 결과, 1주일 168시간(10,080분)중 평균 17분 정도 밖에 되지 않고, 자녀와의 대화 시간은 37초라고 발표했다. 그러나 TV 시청 시간은 2시간을 초과한 것으로 나타났다. 한국의 현실은 어떠할까? 아니 우리 가정은 어떠한가?

'속마음을 털어 놓고 나의 긴장, 나의 느낌을 나누

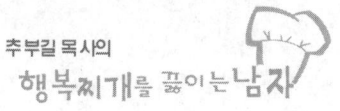

는 것'이 바로 대화이다. 엘리베이터 안내양의 무미건조한 말을 들으면서 대화했다고는 하지 않는다. 바로 입술로만 하는 언어이기 때문이다. 따라서 부부간에도 진정한 감정의 교류가 없이 '오늘 뭐했어? 애는?' 같은 형식적인 말이나, 아내는 신나게 이야기 하는데 남편은 TV 보면서 건성으로 '응, 응, 그래' 하는 것 역시 대화를 했다고 볼 수가 없다. 부부간 갈등의 대부분이 바로 이러한 대화의 결핍에서 온다. '잘 들어 주는 것이 첫째 임무(폴 틸리히)'인데 우리는 그 경청의 의무를 너무나 소홀히 하고 있다.

물론 남녀간의 대화에 대한 성차(性差)가 존재한다. 즉 남자는 사실과 정보를 교환하기 위해서 대화를 하기 때문에 추상적이며 관념적이고 사색적이며 전체적인 표현을 주로 한다. 그리고 과정보다는 결론을 중시한다. 그러나 여자는 말을 함으로써 감정의 긴장을 해소한다. 그래서 가능한 한 구체적이고 사실적이며 감

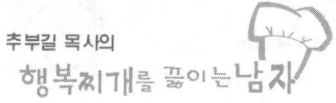

정적이며 부분적인 표현을 하게 된다. 이러한 차이 때문에 힘들게 일하고 퇴근해서 돌아온 남편에게 아내는 그날 있었던 수많은 이야기들을 상세하게 이야기하고 싶어한다. 아이 이야기에서부터 옆집 순이 엄마 이야기, 교회 김 집사 이야기, 오늘 백화점 갔다 온 이야기 등등, 끝이 없다. 말을 함으로써 자신 안에 내재된 긴장을 풀 수 있기 때문이다. 그래서 '여자는 말하는 재미로 산다'는 말이 생겨난 것이다. 그러나 남편은 결론부터 듣고 싶어한다. 그래서 아내가 이야기를 조금이라도 길게 할라치면 "그래서 어떻다는 거야?"하면서 곧바로 결론을 요구하게 된다.

여자는 한 가지 뜻을 백 마디로 표현하지만, 남자는 백가지 뜻을 한마디로 표현하기 때문에 서로 다른 것을 인정하고 이해하려고 하기보다는 우선 자신의 취향 위주로 행동하고 마는 습성이 배어 있다.

경상도 남편의 경우 이러한 경향이 확연하게 드러나

는데, 집에 들어오면 딱 네 마디만 한다는 유명한 이야기도 있지 않는가? 4마디가 무엇이냐 하면 집에 돌아와서 초인종 누를 때, "누구세요"하면 "나다!"라는 첫마디를 하고, 다음에 아이들의 안부를 묻는 "아는?", 그 다음이 "밥줘!", 그리고 잠자리에 들 것을 요청하는 "자자." 경우에 따라 한 마디 더 추가된다. "좋나?"

남편들이여, 여자라는 다른 性을 이해하자! 말하는 재미로 사는 여자를 이해하자.

'마음이 말을 하지 못하면 몸이 말을 한다'고 하지 않는가? 남편에게 주절주절 말 못하는 아내들의 스트레스란 이루 말할 수 없다. 전화 통화를 2시간이나 하고서도 '자세한 이야기는 만나서 하자'라고 전화 끊는 그 본성을 이해해 주어야 한다. 답답하고 가슴 아픈 사연일수록 더 그렇다. 아내들이 남편 아니면 누구에게 또 호소할 것인가? 사연들을 가슴속에 차곡차곡 쌓

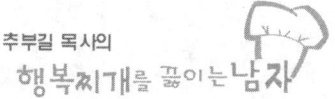

아두면 소화불량, 위궤양, 편두통, 그리고 위암까지 번져가게 된다.

남편들이여, 소화제나 두통 약 사다줄 생각하지 말고 아내의 말을 들어 주자. 그것도 신문이나 TV를 보면서 건성으로 듣는 것이 아니라, 가까이 다가서서 기왕이면 눈도 봐 가면서, 손을 잡아 주면 금상첨화일 테고, 하여튼 진지하게 들어 주자. 그리고 명심하자! '여자는 말하는 재미로 산다' 는 사실을.

적용 남편들이여! 하루에 최소 10분, 아내의 손을 잡고 눈을 봐 가면서 가슴의 대화를 나누어 봅시다. 아내가 지금 말이 별로 없는 편이라면 남편이 아내의 말하고자 하는 본성을 너무나 억눌렀기 때문입니다. 노래 잃은 카나리아를 좋아할 사람은 아무도 없습니다.

간 큰 남자, 간 큰 여자

얼마전에 유행했던 말 중에 '간 큰 남자' 시리즈가 있었다. 40대 남자 중에서 간 큰 남자는 누구일까? 답은 '아내를 빤히 쳐다보는 남자'이다. 또 이런 답도 있다. '아내가 외출하는데 어디 가느냐고 묻는 남자.'

어디서 많이 들어 본 말들 같지 않는가? 30대 때 남편들이 아내에게 주로 썼던 말들이 40대 되면서 전세가 뒤집혀서 '간 큰 아내'가 '간 큰 남자'로 바뀌게 된 것이다. 유행어이기는 하지만 인생의 사이클의 비밀이 숨겨져 있는 말들이다.

부부란 어차피 '둘이 하나가 되어야만 온전해지는 불완전한 하나'임에 틀림없다. 그 어느 한쪽이 전체를 주장하거나 완전 포기를 스스로 인정할 때, 부부로서

의 삶의 균형은 깨어지게 되어 있다. 젊었을 때 힘 좋다고 아내를 구박하고 힘 자랑 하다가는, 늙어서 아내에게 타박 받아도 할 말이 없다. 한국 남녀의 평균 수명을 볼 때 여자가 남자보다 8년 정도 더 산다고 한다. 어차피 이 세상을 빨리 떠나는 사람이 남편이다. 또 하나, 40대 중반을 넘어서면 어차피 가정의 주도권은 여자가 쥐게 되어 있다. 아무리 남편이 힘도 세고 큰소리 친다 해도 40대 중반이 넘어서게 되면 아내의 목소리도 그만큼 커지게 되어 있다. 억누르면 억누를수록 더 세게 반동으로 튀어 나오는 용수철의 원리에 비할 수가 있다.

남편들이여, 전통적인 유교 사상으로 아내를 생각하지 말자. '아내는 깨어지기 쉬운 그릇'이요, '남편의 면류관(잠언 12:4)'이다. 또 아내는 남편의 사랑을 바탕으로 '결실한 포도나무'(시편 128:3)이다. 남편의 도움이 없이는 홀로 설 수가 없는 영원한 돕는 배필이

다. 그런데 어찌 아내를 종 다루듯이 할 수가 있겠는가? 그저 남편의 말이 하늘의 말이요, 남편의 권위는 곧 왕의 권위라고 생각하는 사람이 다름 아닌 '간 큰 남자'의 전형이다.

'간 큰 남자'들은 진정한 부부의 하나됨에 대한 기쁨을 모른다. '순종과 복종'만이 아내의 미덕으로 여긴다. 아내를 위해 희생하거나(에베소서 5:25), 아내에게 감사를 표현하고 칭찬해 주는 일(잠언 31:28) 등은 나와는 관계없는 영화 속의 이야기로만 치부해 버리는 '교만한 아담'이 되어 1/2의 삶이 전체인양 살아간다. 감사를 모르는 '교만한 아담'은 하나님까지도 1회용이 된다. 자기 필요에 따라 '하늘에만 계시는 하나님'이 되기도 한다. 세상에서 가장 가까운 이웃인 아내마저도 사랑하지 못하는, 그야말로 하나님의 첫 계명마저도 내어버린 간 큰 남자이다.

남자들이여! '아내는 여자보다 아름답다.' 이 진리

를 잊어서는 안된다. 또 '여자의 매력은 짧지만 어머니의 감화는 길다(로랑)'. 뿐만 아니다. '어머니의 무릎이 가장 좋은 유치원'이기도 하고 '어떤 국가나 사회도 그 어머니보다 강할 수는 없다'. 누가 이 여자를, 어머니이기도 한 아내를 무시할 수 있는가? '간 큰 남자' 아니면 아내를 결코 무시할 수가 없는 것이다.

'간 큰 아내'는 또 누구인가? 남편 없는 아내는 존재하지 않는다. 결혼을 통해 하나 되었던 남편과 아내. 그 남편을 무시할 때 '간 큰 아내'가 된다. 남편을 경외하지 않고 순복하지도 않으며 남편에게 믿음을 주지 않을 때 바로 '간 큰 아내'가 된다. 특히 남편의 영혼에 대한 안타까움도 없고, 돕는 배필로서의 책임을 포기할 때 하나님이 주신 첫 번째 의무와 사명까지도 저버린 '간 큰 아내'가 된다. '간 큰 아내', '간 큰 남자' 때문에 집은 있으나 가정이 없는 사회로 변해간

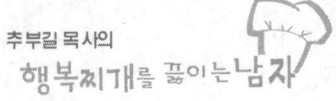

다. '세상의 가장 큰 재앙은 가정 파괴'이다.

'간 큰 아내', '간 큰 남편'들이여! 그 간을 내버리라. 하나님 앞에서 그 모든 것을 버리고 에덴에서의 남편과 아내로 돌아가자. '행복한 가정은 천국의 전초기지'이다.

> "가정은 지상의 낙원이다. 이것이 없으면 그는 이미 지옥에 있는 자다(우찌무라)"

적용 나는, 순종과 복종만을 아내에게 주장하는 '간 큰 남자'는 아닙니까? 또한 남편을 무시하거나 신뢰를 주지 못하는 '간 큰 아내'는 아닙니까? '간 큰 남자'였거든 오늘 아내에게 결단하는 마음으로 고백하십시오. "앞으로 나는 당신을 깨어지기 쉬운 그릇으로 알아 귀하게 여기겠습니다"라고….

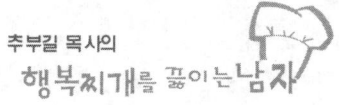

아내의 건강은 곧 나의 건강

 얼마전 아내가 병원에서 검진을 받은 적이 있었다. 조직 검사라 마취까지 해야 한다는 것이었다. 아내는 별로 대수롭지 않게 생각하는 남편의 모습이 무척이나 섭섭한 모양이었다. 병원에 가면서 이것저것 부탁하더니 괜한 눈물까지 흘린다. 마치 죽을 병에 걸려 큰 수술이라도 하러 가는 것 같이 말이다. 사실 병원에 보내고 진찰을 받고, 또 마취까지 해 가며 조직 검사한다는데 남편으로서의 내 마음이 편할 리 있겠는가? 그저 기도밖에 할 수 없고, 또 하나님의 계획하심과 인도하심에 맡길 뿐이었다.

 마음이 편치 않는 이유가 또 하나 있었다. 아내는

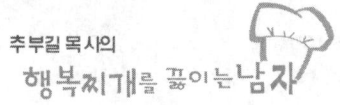

그저 '강골'이라고 버티기만 해 왔다. 조금 아파도 약을 먹고 해결하지 않고 그냥 쉬든지 더 잘 먹든지 해서 해결해 나갔다. 병원에 가지도 않았다. 그런 사람이 병원에 간다 하니 겁이 덜컥 날만도 했다. 평소의 건강이 얼마나 소중한 것인지 다시금 생각해 볼 뿐이었다. 아내의 정기적 건강 진단에 대해 나는 별로 신경 쓰질 않았다. 아마도 병원에 가는 것을 끔찍이도 싫어하는 평소의 내 성격 때문인지도 모르고, 또 병원 가서 "무슨 병이나 있다고 하면 어찌할까?"하는 지레 짐작이나 근심이 병원 가는 것을 가로막고 있었던 것 같다. 그래도 잔병치레하는 아내의 건강을 지켜 주어야만 하는 의무가 남편인 내게 있다는 것을 나는 까마득히 잊고 있었다. 바로 그 점이 내 마음에 걸렸다.

"아, 나는 남편의 의무요 책임 중의 중요한 하나를 잊고 있었구나!"하는 마음이 나를 공격해 왔다. 아내는 나에게 '바울의 기도'(에베소서 1:17-19, 3:14-19

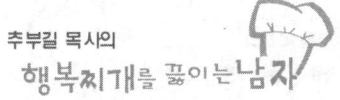

말씀을 토대로 말씀 중의 '너희, 우리' 등을 '중보 대상자'로 바꾸어서 하는 기도로 '케네스 헤긴' 목사님이 강조하시는 기도의 방법이다)를 요청했다. 나는 병원으로 가는 차 안에서 아내의 손을 꽉 잡아 주는 수밖에 다른 도리가 없었다. 다시금 아내의 몸도 나의 몸의 일부인 것을 깨닫는 그런 시간이 계속되었다. 내 몸이 아프질 않으니까 대수롭지 않게 생각했던 그 잘못된 생각을 회개할 수밖에 없었다. '아, 내 갈비뼈로 창조함을 받은 아내에게 내가 너무 무심했구나!', '나는 조금만 아파도 약국가고 또 아프다고 낑낑대면서 아내보고 병간호해 달라고 하질 않았는가?.'

연애할 때는 사랑하는 사람이 조금만 아픈 기색을 해도 "어디 아파? 잠깐 기다려!" 하고 뒤도 보질 않고 눈썹을 휘날리며 약국을 다녀온다. 헤어지고 나서는 전화까지 해 가면서 "이젠 괜찮니?"라고 안부까지 묻

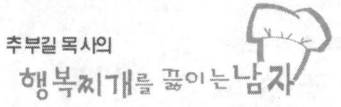

는다. 신혼 초엔 "어디 아프니? 그래 내가 약국에 다녀와 줄께"하고 슬리퍼를 끌고 서서히 산보 삼아 약국엘 다녀온다. 3-4년이 지나고 아이도 하나 생기게 되면 아내가 아픈 것은 뒷전이고 아내 아픈 것 때문에 아이 몸이 상할까 봐 더 걱정한다. "아이 생각해서 병 생기기 전에 약국도 좀 미리미리 다녀오면 안돼?"하고 화를 낸다. 10년이 지나면 어떻게 될까? "칠칠치 못하게 몸 관리도 못해? 집에서 팽팽 놀면서 병은 왜 생겨?"

물론 하나님께서는 우리에게 소중한 육체를 주셨는데 관리인인 우리가 너무나 몸을 혹사하고, 또 잘 정비(?) 하지도 않았음을 우리는 깨달아야 한다. 더불어 하나된 지체로서 배우자에 대한 건강은 스스로 관리하는 것은 당연하지만 사랑하는 짝이 더 챙기고 아껴 줘야 되지 않을까? 남편에게 있어서 아내는 생활의 일부

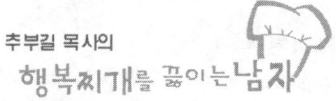

일지도 모르나, 아내에게 있어서 남편은 생활의 전부이기 때문에 남편들은 특히 신경을 써서 아내의 몸을 돌보아 주어야 하는 것이다.

병원에 아내를 보내고 나서 또다시 생각했던 것은 '모든 것이 다 하나님의 소유'라는 것과 '주시는 이도 그 분이시고, 빼앗는 이도 그 분'이라는 것이었다. 그 상황에서 내가 할 수 있는 일은 아무 것도 없었다. 오직 하나님의 인도하심만을 바랄 뿐이었다. 바로 그것이 인간으로서의 나의 한계이기도 했다. '이 세상에서 모든 것을 다할 수 있다'는 과대 망상적 자신감을 갖는 사람이야말로 세상에서 제일 불쌍한 사람 아닐까? 하나님 앞에 선 '왜소한 자신'을 깨닫는 것이야말로 하나님 앞에 바로 서는 첩경일 것이다.

세상의 남편들에게 부탁하고 싶다. '아내는 곧 나의

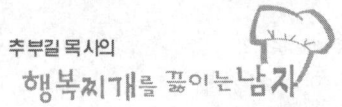

건강, 우리 가정의 건강'이라는 사실을!

"이와 같이 남편들도 자기 아내 사랑하기를 제 몸같이 할지니 자기 아내를 사랑하는 자는 자기를 사랑하는 것이라(에베소서 5:28)"

적용 오늘 배우자의 건강 상태를 체크해 보시지 않겠습니까? 피곤하다면 마음 먹고 다리도 주물러주고 마사지도 해 줍시다. 오늘은 배우자의 건강을 점검하는 날입니다.

추부길 목사의
행복처개를 끓이는 남자

돕는 배필, 바라는 배필, 포기한 배필

'여호와 하나님이 가라사대 사람의 독처하는 것이 좋지 못하니 내가 그들을 위하여 돕는 배필을 지으리라 하시니라' (창세기 2:18)

하나님께서 세상을 창조하실 때 단 한 번만 좋지않다고 말씀하셨는데 그것은 하와(여자)가 창조되기 이전이었다. 하와(여자)를 창조하고서야 하나님의 창조가 완료되었다는 사실을 우리는 알아야 한다. '독처하는 것이 좋지 않아서' '돕는 배필을 지으셨다'라고 말씀하셨는데 돕는 배필을 영어로 표현하면 'Suitable Helper', 즉 '필요에 꼭 맞춰져 있는 돕는 사람'이라고 말할 수 있다.

 그렇다면 여자만이 돕는 배필이고 남자는 도움을 받는 배필인가? 아니다. 하나님의 뜻은 남자 또는 여자 어느 한쪽으로는 완전치 못하기 때문에 서로의 부족한 부분을 채워주고 도와주는 상대로서 1+1=1을 만드셨다. 그렇기 때문에 남편과 아내 각각이 서로의 돕는 배필로서 서로의 필요를 채워줄 의무가 있다.

 돕는 배필은 상대의 부족한 것을 보면 그것이 바로 내가 존재해야 하는 이유로 느낀다. 또 내가 배우자를 위해 무엇을 할 것인가를 생각하고 행동한다. 그러나 바라는 배필은 상대의 부족한 점이 곧 불만의 요인이 된다. 그것은 그 부족한 점 때문에 나의 필요나 욕구를 채워주지 못한다고 생각하기 때문이다. 상대방은 단지 나의 부족함, 나의 필요함을 채워 주는 존재로 인식하기 때문이다. "물 가져와!", "신문 가져와!" 하면서도 아내가 아플 때는 "약이나 사다먹지 뭘 해!" 하면서 오히려 신경질로 대꾸하게 된다. 아내가 아픈 것

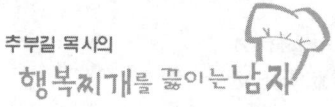

이 나에게 귀찮은 일이기 때문이다.

 돕는 배필은 실망하지 않는다. 상대방의 실수나 실패는 오히려 나에게도 책임이 있음을 느끼고 같이 아파하고, 같이 힘들어하며, 같이 고통스러워 하기도 하면서 같이 극복해 나간다. 그리고 오래 참고 인내한다. 그것이 바로 돕는 배필의 존재 이유이기 때문이다. 그러나 바라는 배필은 실수 자체를 용납하지 않는다. 실수나 실패는 철저하게 상대방만의 잘못이기 때문이다. "아이구! 저런 사람을 남편이라고 데리고 있으니….."라는 말이 저절로 튀어 나온다.

 요즘은 아예 포기한 배필도 있다. '너는 너, 나는 나'로 살아가는 '막가파' 부부들을 칭하는 말이다.
 그러나 이점을 명심하자. 돕는 배필은 서로를 행복하고 풍요하게 만들지만 바라는 배필은 자신을 불행하

추부길 목사의

게 만들 뿐 아니라 그 배우자까지 불행하게 만든다는 사실을. 포기한 배필이야 더 말할 게 있겠는가?

당신은 돕는 배필인가? 바라는 배필인가? 아니면 아예 포기한 배필인가?

적용 나는 과연 어떤 배필입니까? 내가 돕는 배필이 되기 위해서는 어떻게 해야 하겠습니까? 그 결심을 함께 나누어 보십시오.

추부길 목사의
행복찌개를 끓이는 남자

남편을 위한 투자

 남편에 대해서 가장 잘 안다고 생각하는 아내 여러분! '나는 할 만큼 하고 있다'고 생각하시는 아내 여러분! 남편을 얼마나 사랑하고 있는가? 남편이 얼마나 나의 가까운 이웃인가? 내 몸과 마음을 다해 사랑하고 있는가? 도대체 감정이 일어나지 않는데 어떻게 사랑하느냐고 반문할 지도 모르겠다.

 자, 지금부터 고린도전서 13장의 '사랑장'을 읽어가면서 '사랑'이라는 단어 대신에 OO에 자기 이름을 넣어서 되새기면서 읽어 보기 바란다.

 "OO는 오래 참고 OO는 온유하며 OO는 투기하는 자가 되지 아니하며 OO는 자랑하지 아니하며 OO는 교만하지 아니

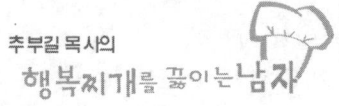

하며 무례히 행치 아니하며 자기의 유익을 구치 아니하며 성내지 아니하며 악한 것을 생각지 아니하며 불의를 기뻐하지 아니하며 진리와 함께 기뻐하고 모든 것을 참으며 모든 것을 믿으며 모든 것을 바라며 모든 것을 견디느니라".

사랑은 행동이다. 사랑의 감정이 나오지 않는다 하더라도 사랑하는 행동이 앞서면 감정은 뒤따르게 되어 있다. 기분에 따라서 사는 사람같이 생활에 기복이 심한 사람이 없다. 도대체 믿을 수 없는 게 사람의 감정이요 기분이다. 따라서 우리는 의지적으로 선택하여야만 한다. '사랑을 택할 것인가? 그저 그런 인생을 택할 것인가?' 적극적으로 선택하라. 남편을 사랑하고야 말겠다는 강한 의지가 필요하다. 남이 뭐라고 그러던, 아니면 남편이 어떻게 반응하든 나는 개의치 않고 무조건 사랑하고 말겠다는 그 마음이 필요하다.

남편이 퇴근할 시간에 맞춰 자신의 모습을 한 번 더

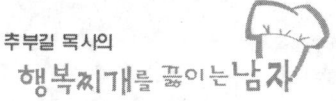

단장하고 남편을 잘 섬길 수 있게 해달라고 기도하라. 집안 정리도 대충 하고 말이다. 그리고 기도하는 마음으로, 마치 주님을 섬기는 마음으로 남편을 위해 음식도 장만하라. '기도'라는 신비한 양념은 음식의 맛을 일품으로 만드는 재주가 있다. 남편을 대하는 태도가 달라질 것이다. 혹시 남편이 어리둥절해 할지도 모르겠다. 그러나 변한 당신의 모습을 보고 남편은 곧 감동하고야 말 것이다.

부시시한 모습으로, 잠옷이나 허드렛일용 옷을 입고 남편을 맞이하는 태도야말로 남편의 조기 퇴근을 가로막는 일이다. 들어오는 남편을 보고 본 척 만 척 하는 것도 남편을 겉돌게 하는 지름길이다.

옷을 들어주는 것까지도 좋았는데 "여보! 오늘 피곤하셨죠?"라고 하는 말에 '아! 나는 피곤하구나' 하고 생각하면서 더욱 더 축 쳐져 버리는, 만사 귀찮게 만들어 버리는, 입술에 지혜 없는 아내야 말로 남편의

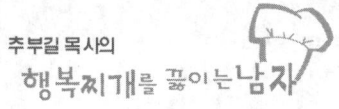

'기'를 쏙 빼버리는 한심한 여인이다.

남편을 위해 투자하라. 돈 들여서 하라는 것이 아니다. 지금 있는 것으로 최선을 다하는 '마음의 투자', '기도의 투자'를 하라는 것이다. 남편에게 생기는 문제의 상당 부분이 바로 아내의 책임일 수도 있다는 생각을 잊어서는 안된다. 심지어 외도하는 남편까지도 아내의 역할에 문제가 있음을 간과해서는 안된다.

남편을 향해 불만이나 역정을 내기 전에, 분노를 터트리기 전에, 먼저 나는 아내로서의 역할을 다했는지 반성해 보라. 하나님이 가르쳐 주신 아내로서의 소임을 다했는지 생각해 보라. '세상은 남자가 움직이지만 남자는 여자가 움직인다'는 말도 있지 않은가? 참으로 연약한 자가 여성이라 하지만 여자같이 강한 자가 이 세상에는 없다. '남편은 아내의 작품이다'. 아내는 하나님이 원하시는 '좋은 남편'을 만들어갈 책임이 있

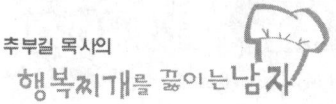

다. 무조건 순종이 사랑을 창조해 간다. 주님 섬기듯이 남편을 대할 때 남편은 변하게 되어 있다.

아내 여러분! 항상 '내가 낳은 아들과 데려온 아들(남편)'을 키운다는 생각을 하라. 강한 듯 보이는 남편이 아내에게는 너무나 약하다. 남편이 아내에게서 느껴지는 감정 중에는 '어머니의 가슴과 품'에 대한 동경이 있다. 아내가 가지는 그 '모성애'로 남편을 감싸줄 필요가 있다.

남편이 터뜨리는 스트레스성 분노까지도 "정말 당신 힘드셨겠네요.", "여보, 걱정 말아요. 내가 있지 않아요?", "당신이 그런 상황이었다면 저라도 그렇게 했을 거예요," 같은 말로 눈 녹이듯이 사라지게 하라.

긍정하고 수용하며 공감하라. "역시 당신이 최고"이며, "당신 때문에 사는 재미를 느낀다"고 말하라. 그보다 먼저 '남편을 위해 하나님께 기도하라'.

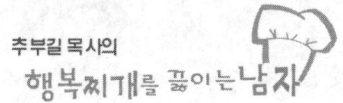
추부길 목사의
행복찌개를 끓이는 남자

'남편과 자녀를 사랑하며 근신하며 순전하며 집안일을 하며 선하며 자기 남편에게 복종하게 하라. 이는 하나님의 말씀이 훼방을 받지 않게 하려 함이라(디도서 2:4-5)'

적용 오늘 나는 남편을 위해 얼마나 투자하셨습니까? 머리도, 옷도 새롭게 단장하고 남편을 맞이해 보십시오. 그리고 기왕이면 마음까지 남편을 위해 새롭게 가꾸어 보십시오. 최선을 다한 준비가 행복을 만들어 줍니다.

추부길 목사의
행복찌개를 끓이는 남자

결론만 말하라굽쇼?

"하나님께 대한 사랑이 그의 말씀을 듣는 것으로 시작되는 것처럼, 형제에 대한 사랑도 그의 말을 경청하는 법을 배움으로써 시작되는 것이다. 많은 사람은 들어줄 귀를 찾고 있다. 그들은 듣는 귀를 그리스도인들 중에서 발견하지 못한다. 이 그리스도인들은 들어주어야 할 때 말하고 있기 때문이다 (본 회퍼)."

교회에 다니지 않는 사람들에게 기독교인들에 대한 인상을 물은 적이 있다. 조사 결과 가장 많은 응답은 "말만 잘 한다"였다. 행동이 뒤따르지 않는 그리스도인의 모습을 꼬집은 것이다. 기도도 많이 하고, 전도도 하고 그러다 보니 그리스도인들이 말솜씨가 보통

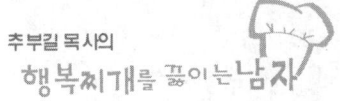

아닌 것은 이미 다 알려진 사실이다. 또 그래서인지 보통 말을 많이 하는 사람이라는 인식도 널리 퍼져 있다. 왜 그럴까?

우리들은 흔히 '터진 입'이라고 말을 너무 함부로 하고 또 '그냥 달린 귀'라고 자기가 듣고 싶을 때만 듣고, 싫을 때는 '자동 셔터 장치'를 그냥 가동해 버리는 경향이 있다. 이런 일들은 부부 사이에 가장 흔히 일어난다.

세상에서 가장 쉽게, 그리고 편하게 대할 수 있는 대상이 배우자이니 만치 그저 생각나는 대로 말을 막해 버린다. 가끔은 말을 퍼붓다가도 미안한 생각이 들 때도 있지만 내친김에 마저 다 쏟아버린다. 그래 놓고도 사과하는 일은 별로 없다. 그래도 아내들은 "미안하다"는 말을 자주 하는 편이지만 '속이 좁아터진' 남편들은 '남자의 체면이나 체통' 때문에 쉽사리 "미안해!"라는 말을 꺼내지 못한다. 그럴 때 아내의 가슴속

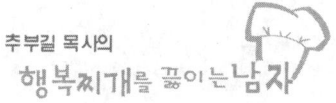

에는 알 수 없는 무엇인가가 쌓이게 된다.

그 뿐인가? 아내가 조금 말이라도 할라치면 "시끄러워!"가 다반사요, "결론만 말해! 여자가 뭘 그리 주절주절하게 늘어놓고 있어?"하면서 말문을 닫아 버리는 게 보통이다.

뭔가 잘못한 일이 있어도 '그 정도 실수는 별 것 아니다'라는 생각이 꽉 지배하고 있어서 좀처럼 고개를 숙이지 않는다. 부부 사이의 이런 문제는 가정에서만 머물러 있지는 않는다. '본 회퍼'의 예리한 지적은 하나님에게까지 미친다는 것이다. 항상 내 주장만 앞서고 남의 말에 귀를 기울이지 않는 사람들은 그 '못된 버릇'을 하나님에게까지 한다는 것이다. 기도를 해도 내가 원하는 것만 하나님 앞에 잔뜩 늘어놓고, 정작 하나님께서 뭐라고 말씀하시는 지에 대해서는 관심이 없다. 깊은 묵상을 통해 하나님의 말씀에 귀를 기울이고

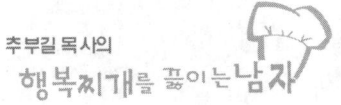

그의 뜻을 찾는 그런 모습은 찾아볼 수가 없다.

우선 듣는 것부터 훈련해야 한다. 아내의 말에 귀를 기울이고 자녀의 말에도 끝까지 참고 듣는 연습을 시작해야 한다. 말을 들을 때는 단지 소리로 들리는 말만 듣지 말고 몸으로 표현되는 말도 들으라!

말로 표현되는 의사소통의 종류에는 3가지가 있다.

'액면 그대로의 말'이 있는가 하면 '실제 말한 것과 다를 수도 있으나 말하고자 했던 것'이 있다. 또 '실제로는 표현되지 않았으나 넌지시 암시한 것'도 있다. 이런 것들을 잘 가려서 관심 있게 들어주어야 한다.

"여보, 넥타이 어디 있어?"라고 묻는 남편의 말은 단지 넥타이의 행방을 묻는 것이 아니다. 오히려 "여보, 나 좀 도와 줘!"라는 말인 것이다. 이럴 때 마음의 말을 듣는 현명한 아내라면 빨리 가서 넥타이를 찾아 주지만, 그렇지 못한 아내는 "아니, 당신이 어디다 두고 그걸 물어 봐요?"라고 말한다. 남편이 이 말에 신

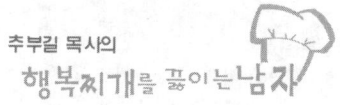

경질을 내는 것은 당연하다.

눈으로 보이지 않는 마음을 읽어 주어야 그때부터 깊은 대화가 시작된다. 의외로 많은 부부들이 이러한 대화를 하지 못한다. 부부 사이에도 금기가 있어서 어느 선까지만 말하고 그 이상은 진전시키지 않는다. 그것은 곧 부부 사이에 '막힌 담'이 있다는 증거이다.

이런 '담'이 존재하는 부부는 결코 하나 되지 못한 부부이다. 이런 부부들은 성적(性的)인 관계에서도 결코 '하나 된 축복'을 누리지 못한다. 마음을 다 주는, 그야말로 '헌신된 하나됨'은 요원할 수밖에 없다.

문제는 이러한 부부들의 대화 습관은 다른 인간관계에도 영향을 미친다는 것이다. '처음에는 자신이 습관을 만들지만 나중에는 습관이 자신을 만들기 때문(존 드라이든)'이다. 상대방의 말을 끝까지 듣지 않는 것은 물론이요, 100% 진심으로 받아들이지도 않는다. 마음에서 우러나오는 영과 영을 이어주는 대화이기보

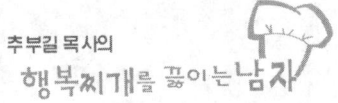

다는 항상 표피적인 인스턴트 대화만이 오고간다. 그러다가 우연찮게 내뱉은 말에 상처를 주기도 하고 받기도 한다.

또 가슴의 말을 하기가 꺼려지기 때문에 그럭저럭 웃고 지낼 수 있는 세상적인 말들만이 대화의 소재를 이루게 된다. 그 사람들에게 중보 기도란 있을 수 없다. 있다 하더라도 마음 속 깊은 곳의 기도가 아니라 그야말로 입에서만 맴도는 '입술의 기도'가 되기 십상이다.

더불어 '입술의 말'을 주로 하는 사람은 남을 쉽게 정죄한다. 그리고 비판한다. 입술이 가볍기 때문이다. 그저 '머리의 말'만 하는 사람도 있다. 세상 지식으로 입에 거품을 무는 사람들이 바로 이러한 종류이다. 우리가 드리는 기도도 바로 그렇다. '입술의 말', '머리의 말'로 기도를 드릴 때 그 기도는 공허해진다. 서로에게 영향을 주지도 못한다.

 순식간에 내뱉은 말이 그 말을 듣는 사람의 가슴에 깊이 박혀서 한으로 남기도 하고 울화통으로 변하기도 한다는 사실을 아는가? 말은 생명력과 운동력이 있다(히 4:12). 또 "말이 씨가 되기도 한다". "말은 우리를 일으켜 세우기도 하고 우리를 무너뜨리기도 한다. 말은 우리를 병에서 낫게 하기도 하며, 우리를 질병에 빠지게도 한다. 성경 말씀에 의하면 말은 우리를 파괴할 수도 있고 아니면 우리를 생명과 행복과 건강으로 풍성하게 할 수도 있는 것이다."(케네스 헤긴)

 야고보서(3:1-8)는 우리가 언어를 어떻게 사용하느냐에 따라 우리 생애의 모습이 결정된다고 가르쳐 주고 있다. 자기 입에서 나온 말이 자기 자신을 망쳐 버리기도 하고 경우에 따라서는 상대방의 일생을 완전히 망쳐 버리기도 한다. 자신의 가족에게도 그렇고 교회 내의 지체는 물론이요 세상 속에서의 인간관계에서도 그렇다.

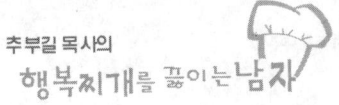

　우리 모두 긍정적이고 적극적이며 창조적인 말을 하자. 그리고 말의 원천인 우리의 마음에 하나님의 말씀을 담자. 어찌 하루아침에 이루어질 수 있으랴 마는 끊임없이 노력하고 훈련한다면 그 날은 반드시 찾아오지 않겠는가?

적용 부부간에, 가족들 사이에 주고받는 말의 중요성을 깨닫고 부정적인 말을 하지 않도록 훈련합시다. 더욱 적극적으로 격려하고 칭찬하는 말을 많이 하도록 합시다.

추부길 목사의
행복찌개를 끓이는 남자

성격차이 때문에 못살겠다구요?

"이제는 도저히 못살겠어요. 달라도 보통 달라야죠. 이건 하나도 비슷한 부분이 없어요. 하루도 더 못살겠어요." 한마디로 말해서 성격차이가 너무나도 심해서 하루도 살아갈 수가 없다는 것이다. 그래서 뭐가 그렇게 차이가 나느냐고 물었더니 심지어 좋아하는 음식 종류부터 시작해서 TV 프로그램까지 사사건건 대립한다는 것이다. 공통적인 것이 있어야 사는 맛이 나는데 도대체가 맞질 않으니 못살겠다는 것이다.

그래서 "두 분이 연애하실 때 이렇게 차이가 난다는 것을 모르셨어요?"라고 물었더니 "사실 그때야 너무너무 신선해 보였었죠."라고 대답한다. 그때는 두 사람의 이러한 차이가 살기 힘들 정도가 될 것이라고는 아

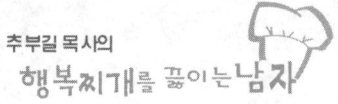

예 생각조차도 못했다는 것이다.

정말 그럴까? 두 사람의 성격차이가 너무 많으면 행복하게 살 수 없는 것일까? 분명한 것은 단연코 아니라는 것이다. 오히려 차이가 많기 때문에 행복하게 살 수 있는 여지가 더 많다는 것이다. 두 사람이 너무 비슷하다면 그들의 삶은 단조롭기까지 할 것이다. 그러나 서로가 차이가 나기 때문에, 부부가 서로 조화를 이룰 수가 있다면 다양한 삶의 원천이 된다는 것이다.

남편은 한식을, 아내는 양식을 좋아한다고 가정했을 때, 서로 양보하고 조화를 이루고 살아가는 부부라면 한번은 양식, 한번은 한식 음식으로 골고루 맛보며 살아갈 수 있다. 그러나 조화를 이루어가지 못하는 부부라면 매주 서로가 좋아하는 음식을 먹으려다 아무것도 먹지 못하는 우를 범할 수가 있다는 것이다. 반면 두 사람 다 양식만 좋아하는, 차이 없는 부부라면 일평생 양식만 먹고 살지 않겠는가? 이런 관점에서 본다면 차

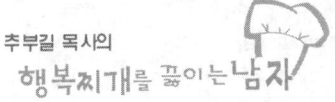

이가 난다는 것이 오히려 복을 가져오는 비결이 된다.

예수께서도 제자들을 양육하실 때 이러한 서로의 차이를 너무나도 잘 활용하셨다. 다시 말해서 예수께서 열두 제자를 불러 모으셨을 때 상호 보완적이면서 서로를 세워주는 기가 막힌 전략을 실행하셨다는 것이다. 극단주의자인 '베드로'와 보수주의자 '안드레'를 한 짝으로 만드셨는가 하면, 나이 많은 '야고보'와 젊은 '요한'을 파트너로 삼으셨다. 그 뿐 아니다. 우둔한 '빌립'과 현명한 '바돌로매', 의심 많은 '도마'와 확신의 사람 '마태', 책임감이 충만한 '야고보'와 교리에 해박한 '유다', 열심당원인 '시몬'과 배반한 '가룟 유다'. 얼마나 절묘한 차이의 조화인가? 서로가 달랐기 때문에 그들은 상대방의 단점을 보완해 가면서 훌륭하게 하나님의 일을 해 나갈 수가 있었던 것이다.

부부도 마찬가지이다. 어차피 서로 다른 환경에서 20년 이상 살아왔기 때문에 모든 것이 다를 수밖에 없

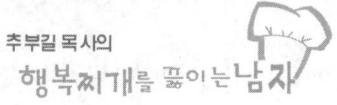

다. 당연히 차이가 난다는 것이다. 그러나 연애할 때는, 다른 말로 표현하자면 '눈에 뭐가 씌워져 있을 때는' 자신과 다르고 차이가 나는 점 때문에 매력적이고 새롭게 마음에 다가온다. 그러나 그렇게 좋아 보였던 점들이 살다보면 '웬수' 같은 것으로 변해 가고야 마는 것이다.

내 아내도 그랬다. 결혼 전에는 내가 말이 없다는 것이 그렇게 마음에 들었다고 했다. 입이 묵직한 것이 신뢰가 가고 믿을만 해서 정말 좋았다는 것이다. 그런데 신혼의 깨 쏟아지는 기간이 지나면서부터 "제발 말 좀 하고 살자"고 얼마나 외쳐댔는지 모른다. 사랑하는 눈으로 보면 모든 것이 다 좋아 보인다. 그러나 사랑의 마음이 가라앉기 시작하면서 마음속에서 까닭 모를 분노가 솟아나고 또 그렇게도 좋아보였던 바로 그 점이 눈엣가시가 되어 나의 마음을 찌르게 된다. 그러다 보니 '좋아보였던 당신', '사랑스러웠던 당신'이 점점

'꼴 보기 싫은 당신', '쳐다보기도 싫은 사람'으로 변해가게 되는 것이다.

그러나 이 점을 생각해 보자. 하나님께서는 왜 그렇게 서로 차이가 나는 남편과 아내를 짝지워 주셨을까? 왜 나에게 이렇게 차이가 많은 사람을 붙여 주셔서 나를 힘들게 만드시는 것일까? 답은 간단하다. 내가 다듬어져야 할 부분이 그렇게 많기 때문이다. 남편의 어떠한 부분이 나를 힘들게 만든다면 그것은 바로 남편의 그 부분을 통해 내가 다듬어지기를 원하시기 때문이라는 것이다. 부부 사이는 한마디로 하나님과의 관계를 훈련하는 장이다. 따라서 내가 배우자와의 여러 가지 갈등들을 '훈련'이라고 생각하면서 슬기롭게 극복해 간다는 것은 곧 하나님과의 관계를 돈독하게 세우는 첩경이라는 것이다. 그래서 나를 힘들게 만드는 어떠한 점이 돌출될 때마다 오히려 그 점을 감사하게 생각해야 한다. 또 하나님께서 나의 어떠한 부분을 다

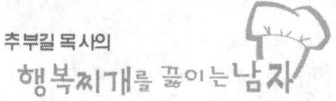

듣어 주시기를 원하시기 때문이다. 그것은 곧 하나님께서 나를 지금도 잊지 아니하시고 사랑하고 계신다는 명확한 증거가 아니겠는가?

차이! 그것은 축복의 통로이다. 그것을 극복할 때는 엄청난 하나님의 은혜가 쏟아지지만, 포기하고 낙망할 때는 예비된 복을 차버리는 우를 범하게 된다. 이래도 우리 부부는 성격 차이 때문에 못살겠다고 말하겠는가? 감사하라. 차이가 있음을 감사하라. 그것이 복받는 비결이다.

적용 우리 부부 사이에는 어떤 차이점이 있습니까? '차이점'이 바로 축복의 통로임을 고백하며, 의도적으로 그 차이점을 받아들이십시오. 더욱 풍성한 결혼생활이 될 것입니다.

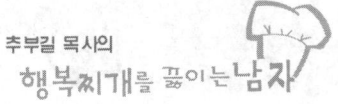

부부싸움을 합시다

최근의 어느 여론조사 결과에 의하면 우리나라 부부들은 1년에 평균 48번의 부부싸움을 하고 있는 것으로 나타났다. 참으로 장한(?) 일이다. 부부싸움을 권장하는 사람도 있나하고 의아해 할지도 모른다. 그러나 원리를 한번 따져보자. 부부싸움은 부부간의 갈등에서 비롯된다. 부부간에 문제와 갈등이 없는 부부가 이 세상에 있을까? 어느 사회학자는 그러한 사람들은 망우리와 같은 공동묘지에 나란히 죽어 잠들어 있는 부부나 정신 이상자들에게서나 있을 법한 일이라고 단언하고 있다. 갈등은 어느 부부에나 있게 마련이다. 자라온 환경이 다르고 생각의 체계가 다르고 가치관이 다른데 갈등이 없을 수 없다. 그래서 '칼로 물 베기'라

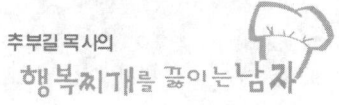

는 부부싸움이 있을 수밖에 없다. 그러나 간과해서는 안 될 사항은 '부부싸움은 갈등의 해결 방법이며 강력한 의사소통의 방법'이라는 것이다.

부부싸움의 원인은 대화의 부족, 우리의 죄성, 이기심, 성격 차이, 배우자의 부정, 관심 부족, 약점의 노출, 의사소통의 오해, 부부 외 다른 가족으로 인한 문제, 사탄의 전략 등을 꼽을 수 있다. 이렇듯 어쩔 수 없이 생겨나는 부부싸움을 성경적 원리에 의해서 한다면 부부싸움은 두 사람의 관계를 더욱 가깝게 하는 기회가 된다. 그렇다면 성경적 원리란 무엇인가?

첫째, 반드시 24~48시간 이내에 생겼던 갈등의 문제만을 가지고 싸우라. 몇 달 전, 몇 년 전의 흘러간 옛노래는 3류 극장이나 가요무대에서나 하는 것이다. 감정이 증폭되면 '당신네 집안은 어떻고…' 하는 족보

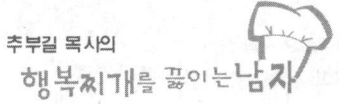

까지 끌어 들이게 되고, 싸움이 끝난 후에도 앙금이 오래 남는다. 기습하거나 욕설하거나 배우자의 마음에 상처를 줄 수 있는 물건을 가져와서도 안된다. 반드시 과거는 제쳐두고 오늘의 문제만을 이야기하라.

둘째, 자녀들 앞에서는 싸우지 마라. 부모들의 싸움은 자녀들에게 깊은 상처를 남긴다. 눈치 보는 아이를 만들고 싶지 않거든 제발 아이들 앞에서는 싸움을 피하라.

셋째, 장외 경기는 금물이며 서로를 피하지 마라. 반드시 링내에서만 하라. 기분 나쁘다고 문을 '꽝' 하고 닫고 집을 뛰쳐나가는 경우가 많은데, 아예 안들어오려면 몰라도 집밖으로 뛰쳐나가 싸움을 연장시키지 마라. 꼭 나가고 싶거든 배우자에게 양해를 구하고 나갔다 오는 것이 지혜롭다. 침묵으로, TV 보는 것으로 묵비권을 행사하는 비겁한 짓을 하지 마라.

넷째, 폭력을 휘두르지 마라. 폭력은 폭력을 낳는

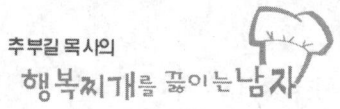

다. 한번 때리면 버릇이 된다. 매맞고 골병들면 늙어서 후회한다. 약값 들어 손해다. 폭력은 논리적으로 도저히 게임이 되지 않을 때 전세를 뒤집기 위한 아주 비열한 짓이다.

다섯째, 상호 인격 모독을 하지 말고 남과 비교하지도 말라. 아내가 한 '당신은 능력없는 남편'이라는 말 한 마디가 일가족 몰살이라는 엄청난 비극을 가져온 예도 있다. '옆집 누구 아빠는 어떻고…' 하는 비교는 '그 사람하고 살지' 하는 역작용만 낳는다. 어떻게 감히 하나님의 작품을 인간이 헐뜯는가? 그것도 하나님이 짝 지워 주신 나의 배우자를…. 하나님이 '우리 부부'라는 작품을 만들고 있는 '공사 중' 부부인데 어찌 완벽할 수 있겠는가?

여섯째, 승부에 연연하지 말고 속전속결하라. 부부싸움에서 이겼다고 메달 주는 것이 아니다. 부부싸움은 이기는 자도 지는 자도 없는 '물 베기'이다. 배우

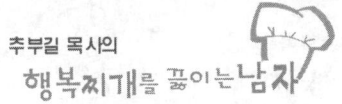

자의 감정을 존중하고 1회전이 끝나면 자기 자신의 잘못을 인정하라. 분명한 것은 상대방을 변화시키려는 것은 거의 불가능하다는 점이다. 다만 동기를 부여하고 격려해 줄 수 있을 뿐이다. 오히려 자신을 기꺼이 변화시키려는 노력을 하라.

일곱째, 싸운 뒤에 분방하지 말고 빨리 화해하라. '해가 지도록 분을 품지 말라'. 아내는 안방, 남편은 거실, 이렇듯 따로 따로는 절대 안된다. 잠자리에 들기 전까지 화해하고 가능하면 부부가 손을 잡고 기도하라. '훌륭한 의사소통의 자리를 만들어 주신 주님께 감사' 하며…

적용 부부싸움의 방법 중 내가 잘 실수하는 점은 무엇입니까? 그 실수를 또 하지 않으려면 어떻게 해야 할까요? 배우자의 도움이 필요하다면 요청해 보지 않겠습니까?

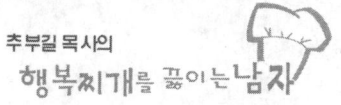

기도의 잠옷을 입읍시다!

어젯밤, TV는 몇 시까지 보았는가? 잠자리에 들기 전, 하나님의 말씀을 묵상하였는가? 꿈나라로 가기 전에 기도는 했는가? 우리가 잠을 자기 위해 낮에 입었던 옷을 벗고 잠옷으로 갈아입는 것처럼, 영혼도 하루 생활 속에 있었던 고통과 번민, 걱정과 근심, 분주함의 옷을 벗고 하나님이 지켜 주시는 평안한 잠을 위해 기도의 잠옷을 입어야 한다.

잠자기 2시간 전부터는 TV를 보지 말고, 고통이나 번민을 주는 말도 삼가며, 오직 주님 안에서의 기쁨만을 이야기 할 것을 권한다. 배우자를 쳐다보면서 칭찬과 격려를 해 주고, 자녀의 손을 잡고 기도해 주고, 또 부부가 손을 마주잡고 서로를 위해, 지체들을 위해

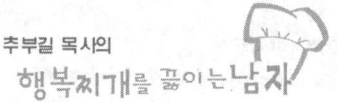

짧게 중보 기도하는 '기도의 잠옷'을 입는 것이다.

날씨가 쌀쌀하거나 좋지 않은 날, 옷을 입지 않고 잠을 자면 감기에 걸리듯이, 요즘같이 악하고 흉흉한 세상에 영혼의 잠옷인 기도를 입혀 주지 않으면 우리의 영혼도 만병의 근원인 감기에 걸린다. 악몽을 꿀 수도 있고, 편안한 잠을 못 이룰 수도 있다는 것이다.

뿐만 아니라 아침에 눈을 뜨자마자 하나님에 대한 찬양보다는 '또다시 찾아온 힘든 하루'에 대한 좌절감이 덮쳐 올 수도 있다.

"해가 지도록 분을 품지 말라" (에베소서 4:26)

분노의 감정은 해가 지기 전에 반드시 풀어야 한다는 것을 기억하라. 나보다도 나를 더 잘 아시는 하나님은 우리 사람의 신체 구조를 생각하셔서 해가 지도록 분을 품지 말라고 말씀하고 계신다.

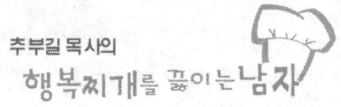

　우선 컴퓨터의 RAM(전원을 켜 놓은 동안만 잠시 기억되는 컴퓨터의 저장 장치)과 HARD DISK(전원을 꺼도 기억해 놓을 수 있는 저장 장치)를 생각해 보라. 사람의 낮 시간에 있었던 여러 가지 기억, 사건들은 '전기 생리학적 기억'으로 컴퓨터의 RAM과 같은 효용이 있다. 그러나 낮 시간의 기억들, 특히 분노 같은 부정적 기억이 해소되지 않은 상태로 수면시간을 지나게 되면 '생화학적 기억'으로 형상화되어 인간의 뇌에 구조화가 이루어지게 되면서 완전한 기억으로 이동하게 된다. 즉 컴퓨터의 HARD DISK에 완전 저장하는 것과 마찬가지로 완벽하게 저장이 되게 된다. 이 기억은 우리의 의식 속에 있기도 하지만 대부분의 기억들은 무의식속에 잠재하게 된다. 특히 부정적 기억, 즉 분노같은 기억들끼리는 뭉치게 되어 '분노의 성(城)'을 쌓게 된다. 이것은 암세포의 발생 과정과도 유사한데 평상시에 생긴 암세포들은 임파구가 발견하

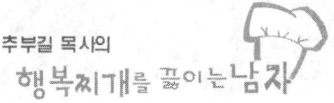

는 즉시 잡아먹게 되나, 임파구의 활동이 약해졌을 때 암세포들끼리의 연합으로 집단화하여 하나의 암세포군(群)을 형성하게 되는 것이다. 이때는 임파구가 아무리 이 암세포군을 공격해도 이미 막이 형성되어 있기 때문에 공격이 불가능하게 된다. 즉 임파구의 견제 능력 밖으로 벗어나게 되는 것이다.

'분노의 성'도 마찬가지이다. 한번 만들어진 '분노의 성'은 인간이 의지적으로 허물어 버리기 어려운 통제 밖의 무의식 세계가 되고야 만다. 이미 거기에는 사탄이 거할 수 있는 안전한 집을 만들어 주었기 때문이다. 이 단계가 되면 내가 용서하고 싶어도 이미 내가 주인이 아니므로 내 스스로 통제하지 못하게 되어 버리는 것이다.

또 암세포가 그 '군(群)'을 이루게 되면 점점 성장, 전파하여 확대되듯이 이 '분노의 성'도 점점 확대, 성장하게 되어 스스로의 감정을 통제할 수 없는 최악의

지경에 빠지게 된다. 특히 음주 상태든지, 무의식 상태에서는 자기의 본의와는 완전히 다르게 행동하게 되는데, 바로 무의식 속의 이 '분노의 성'이 표출되어 행동을 지배하고 있기 때문이다.

불쑥 튀어 나오는 욕설, 갑자기 자기도 모르게 치밀어 오르는 감정, 나도 모르게 나오는 순간적 행동들… 모두가 무의식속의 '분노의 성'이 여리고성 같이 단단하게 포진되어 있기 때문이다. 이러한 '분노의 성'을 내 마음 속 깊은 곳에 품지 않도록 하는 좋은 방법이 바로 '기도의 잠옷'을 입는 것이다.

오늘 못마땅한 것, 속 끓이는 무언가가 있었는가? 잠들기 전에 기도하는 시간을 가지라. 기도는 만사를 변화시킨다.

적용 오직 격려를 담은 기도만이 배우자의 나쁜 행동을 변화시킵니다. 우리의 영혼이 병들어 아프지 않도록 잠자기 전 짝기도를 합시다.

4 남자는 전기다리미
여자는 장작불

전희는 성관계를 갖는 그 시간만이 아니라, 아침에 눈을 뜨는 그 시간부터 시작된다. 평소의 삶에 있어서 부부간에 사랑이 오고가는 의미 있는 시간이 이어졌다면 성관계전의 전희는 아주 짧을 수도 있다. 그러나 평상시의 삶이 문제가 있었다면 성관계 전의 전희가 아무리 길다 할지라도 결코 하나 되는 즐거움을 누리지 못한다는 것이다.

추부길 목사의
행복찌개를 끓이는 남자

'겉사람'도 꾸밉시다!

참으로 강심장인 아내들이 많다. 눈만 뜨면 철철 넘쳐 흐르는 성적(性的) 유혹이 많은 세상에 남편을 보호하려고는 생각하지도 않고 '스스로 잘 하겠지' 하는 배짱으로, '내가 있는데 남편이 감히…' 하는 '오직 믿음'으로 하루하루를 살아간다.

> "너희 단장은 머리를 꾸미고 금을 차고 아름다운 옷을 입는 외모로 하지 말고 오직 마음에 숨은 사람을 온유하고 안정한 심령의 썩지 아니할 것으로 하라 이는 하나님 앞에 값진 것이니라" (베드로전서 3:3-4)

이 말씀을 곧이곧대로 믿고, 남편 앞에 나서기를

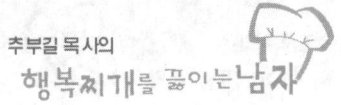

'속사람만 보시오!' 하는 마음인 듯싶다. 아침에 일어나서 부시시한 모습으로 식사 준비하고, 남편 출근 배웅하고, 잠옷 겸용 허드레옷으로 피곤해서 돌아오는 남편 마중하고, 남편들이 눈을 대충 감고 살지 않는 한 허구헌날 부부싸움 감이다.

어느 세미나에서 이러한 이야기를 꺼냈더니 어느 남편이 대뜸 한다는 말이 "나는 예수님 수준이 아니지 않습니까? 그러니 겉사람이 일단은 좋아야지, 부시시한 아내 보다가 빛나는 외간 여자보고 고개 돌리지 않는 남자가 어디 있겠습니까?"

그렇다. 아내들이여, 오해하지 말라. 성경에서 '외모로 하지 말고'라고 그랬다고 그 문구에 너무 집착하지 말라. 이 말씀은 외모에 신경을 쓸 필요가 없다는 말이 아니라 '마음을 살피는' 속사람에게도 신경을 써서 균형을 갖추라는 반어적 강조이다. 즉 겉사람은 단정하고 사랑스럽게, 속사람은 온유하고 안정된 심령으

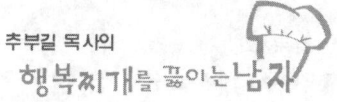

로 단장하라고 가르치고 있는 것이다. 겉모양만 신경 쓰는 속 빈 강정이 되지 말고, 속으로도 알찬 그런 균형 감각이 있는 여자일 때 하나님 앞에 값진 일이라는 것이다.

남편들은 매일 세상의 유혹 가운데에서 살아간다. 직장에서 젊고 아름다운 여자들과 함께 생활하고, 오고 가는 길에서도 시각적 자극을 많이 받는다. 직장에서 대개의 여자들은 남자들에게 사근사근하고 참으로 잘 대해주고 예의바르다. 그런데 집에만 들어오면 머리는 폭탄 맞은 제비집이요, 옷은 아무렇게나 걸치고, 화장은 아예 하지도 않은 채로 남편을 맞이하니 참으로 남편 눈 버리기 딱 십상이다.

어느 아내가 이런 고백을 한 적이 있다. 어느 날, 일어나서 여느 때처럼 아침 식사 준비를 하고 밥을 차린 후 화장실에 들어가서 무심코 자기 얼굴을 봤다는 것이다. '웬 귀신?' 하고 깜짝 놀라서 후다닥 모습을

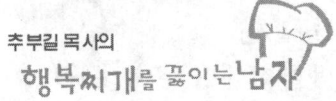

차린 후에 남편을 대했다는 것이다. 그 후로는 일어나서 꼭 거울보고 얼굴을 다듬은 후에 남편을 대한다고 한다.

그렇다. 남편을 결코 시험하지 말라. 다른 시험도 많은데 '시각 시험'까지 시킬 필요가 왜 있는가? 남편 앞에서 정갈해질 필요가 있다. 단정해져야 하고 다른 때는 화장을 안하더라도 남편 대할 때는 꼭 얼굴을 만져야 한다. 단골손님이요, 영원한 나의 파트너인 남편에게 가장 잘 보여야지 다른 사람에게 잘 보여서 남는 것이 무엇인가? 남편보다 더 소중한 사람이 어디 있는가? 남편 앞에서 최소한의 예의도 지켜야 한다. 아무리 '벌거벗어도 부끄러워하지 않는 사이'라고 해서, 보든 말든 옷 갈아입고 스타킹 올리고 하는 것은 꼴불견이다.

아내들이여, 남편과 첫사랑을 나눌 때를 기억하라. 언제나 첫사랑을 하는 마음으로 사랑받는 아내가 되기

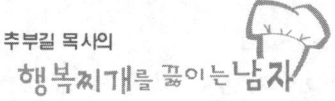

위해 노력할 필요가 있다. 남편을 이 세상의 많은 유혹에서 지키기 위해 더욱 그러하다. 나의 단골손님을 결코 남에게 빼앗기지 않겠다는 각오가 필요하다. 또 내 단골손님이 다른 곳을 기웃거리지 않게 해 달라고 기도하여야 한다. 이 세상의 많은 경쟁 상대들보다 내가 훨씬 좋은 사람이 되게 해 달라고 기도해야 한다. '제 눈에 안경'이 아닌가? 조금만 노력해도 다른 사람 아무리 노력하는 것보다 훨씬 좋은 평가를 남편에게 받을 수 있으니 얼마나 좋은가? 그것이 단골손님을 둔 아내의 강점이다.

그러면서 속사람도 채울 필요가 있다. 속사람이 텅 빈 여자는 '얼굴 예쁜 마네킹'에 불과하다. 나이가 들면서 누구나 겉사람은 후패해지게 되어 있다. 퇴색해 가는 겉사람을 더욱 윤기 나게 만들고, 또다른 아름다움으로 메꿔주는 것이 바로 '속사람'이다. '속사람'이 건강하고 활력 있을 때 '겉사람'으로 아름다움이 풍겨

나게 되어 있다. 영적으로도 원숙함에 이를 때에 또 다른 아내의 멋을 느끼게 되는 것이다.

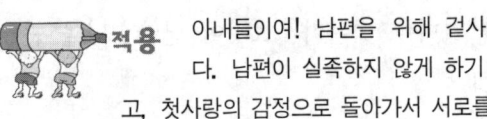

아내들이여! 남편을 위해 겉사람에 신경을 씁시다. 남편이 실족하지 않게 하기 위해 정성을 다하고, 첫사랑의 감정으로 돌아가서 서로를 대합시다.

· 아내의 다짐

· 남편의 다짐

추부길 목사의
행복치개를 끓이는 남자

나의 아내가 가장 아름답다!

 어느 날 창가를 바라보고 있던 아빠가 아이들에게 소리치며 이렇게 말하였다. "봐라, 애들아. 세상에서 가장 아름다운 여인이 온다." 아이들이 창가로 뛰어갔다. 곧 두 아이는 실망하는 목소리로 말하였다. "에이, 엄마잖아요." 과연 그 아이들이 낙담하며 한 말이었을까? 아빠가 한 어머니에 대한 평가는 자녀들의 마음에 오래오래 남아있게 된다. 존귀함을 받는 부모는 부모 스스로가 만들어 가는 법이다. 마찬가지로 친지들에게, 동기들에게 영광스러운 아내로 만들어주는 것은 곧 스스로를 높이는 매우 중요한 방법이다. 우리는 '아내 자랑은 팔불출'이라는 유교적 관념 때문에 아내 자랑하기 보다는 깎아 내리는데 이골이 나 있다. 성경

추부길 목사의
행복찌개를 끓이는 남자

대로 행하기보다는 그런 면에서는 철저하게 관습을 따르는 이중성을 흔히 본다. 아내는 깨어지기 쉬운 그릇과 같이 중히 여겨야 한다. 아내는 은혜를 유업으로 같이 받을 자라고 분명히 말씀하고 계신다. 덧붙여서 '기도가 막히지 않게 하기 위해' 귀히 여기라고 말씀하신다. 바로 자신의 경건 생활을 유지하기 위해, 영혼의 호흡인 기도가 막히지 않게 하기 위해서라도 아내를 존귀하게 대하라는 명령이다. 남편들이여, 이 세상에서 가장 아름다운 여인이 나의 아내라고 생각하는가? 자녀에게 비치는 엄마의 모습은 과연 어떠한가? 남편이 아내를 함부로 여기면 자녀 또한 엄마를 쉽게 대한다. 엄마의 말을 우습게보고 말을 잘 듣지 않게 된다. 친척들 역시 그 아내를 귀히 여기지 않는다. 남편이 아내를 귀히 여기고 영광스럽게 대할 때 아내는 남편을 하늘같이 믿고 행복한 생활을 해 나가게 된다. 예수께서는 여성들을 매우 귀하게 여기셨다. 당시에는

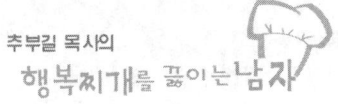

남자들만이 랍비의 가르침을 들었으나 예수께서는 마리아에게 말씀을 주시며 음식 장만에 시간 보내기를 원치 않으셨다. 부활 아침에도 부활하신 몸을 여자에게 먼저 보이셨다.

자녀들은 말한 대로 따르지 않고 부모가 행동하는 대로 닮아간다. 아내가 힘든 일을 할 때 같이 도와주고, 설거지도 함께 해주며, 가끔 포옹도 해주는 그런 모습을 자녀들에게 의도적으로 보일 필요가 있다. 자녀들이 엄마에게 함부로 대하거나 장난을 심하게 칠 때 '나의 아내를 괴롭히지 말라'고 단호하게 말하는 '사랑의 표현'이 필요하다. 그러나 이 모든 일들은 진심으로 아내를 사랑하지 않고서는 참으로 힘들고 역겨운 일이 될 수도 있다. 남편들은 분명히 기억해야 한다. "주의 나라와 의를 구하라"는 하나님의 말씀은 교회 일에서만 이루어지는 것이 아니다. 성령이 역사하

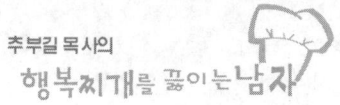

시는 그 모든 곳이 하나님의 나라이다. 우리의 가정도 하나님 나라의 중요한 일부이다. 특히 성경에서 그리스도와 교회의 관계에 빗대어 설명한 남편과 아내 관계에서 주님이 하신 명령을 우리는 철저하게 순종해야 할 필요가 있다. 존귀하게 여기자. 지금이라도 늦지 않았다.

"아내를 제 몸같이 사랑하며 괴롭게 하지 말며(에베소서 5:28, 골로새서 3:19)"

적용 남편 여러분! 오늘은 아내에게 최상의 말로 칭찬해 보십시오. 여자를 칭찬하면 죽은 여자의 심장도 뛴다고 말합니다. 하물며 살아있는 여러분의 아내임이야…. 오늘 최소한 3가지의 칭찬을 해 보십시오.

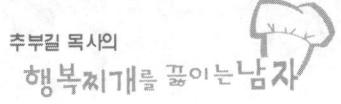
추부길 목사의
행복찌개를 끓이는 남자

아내들이여, 남편에게 보약을!

ALDS(후천성 사랑 결핍증)이 창궐하고 있다. AIDS보다 더 무서운 병으로 하나님이 창조하신 가정 자체를 파괴해 버리는 사탄의 강력한 무기중의 하나이다. 이 병에 걸리게 되면 배우자가 하는 사사건건의 일들이 마음에 들지 않게 된다. 심지어는 처가집이나 시댁의 대문까지도 보기 싫어진다. 자연히 입에서 나오는 말이 고울 리 없다. 아내가 차린 밥상을 보면 괜히 짜게 보이고 입맛도 당기지 않는다. 남편이 옆집 아저씨보다 왜 그리 못나 보이고 친구 남편들보다도 왜소해 보인다. 급기야는 '40대 고아'라고 한탄하는 남자, '싱크대와 결혼한 여자'라고 통곡하는 여자가 되고야 만다.

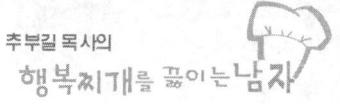

　남편과 아내들이여! 이 ALDS의 특효약이 있다는 사실을 아는가? 배우자에게 사랑을 공급해 주는 Hot Line - 바로 '칭찬'이라는 명약이다. 특히 사회생활을 하는 남편들에게 아내의 칭찬과 격려는 보약 중의 보약이다. 돈도 필요 없고 약간의 마음과 정성만 있으면 언제든지 지어줄 수 있는 아주 손쉬운 보약이다. 칭찬과 격려를 받으면 엔돌핀이 발생되어 기쁘고 즐거운 마음이 생기게 되고, 일에 대한 의욕도 넘치게 되며 자신감도 솟아나게 된다. '오늘따라 당신이 멋져 보여요'라고 출근할 때 던진 이 말이 남편의 하루 일과를 승리하게 만든다. '역시 당신은 옷걸이가 좋아서 옷이 참 잘 어울려요'라는 칭찬에 남편은 외모에 더욱 자신감을 갖게 된다. 하나님께서 짝지워 주신 나의 남편, 다른 남편보다 특별한 재능과 능력을 주신 나의 남편, 그 재능과 능력을 세상에서 하나뿐인 아내가 개발하고 살려 주어야 할 책임이 있는 것이다. 아내가 남편을

책망할 때 가정의 영적 지도자인 남편은 설 곳을 잃게 된다. 자녀의 눈에도 아빠는 용기 없고 힘없는, 어머니로부터 구박과 잔소리만 듣는 아버지로 비춰지게 된다. 가정에서 책망 받는 남자가 이 세상 어디에서 대우받고 살겠는가? 남편들이 술집에 가서 돈 뿌리고 허세부리는 이유가 무엇이겠는가?

아내들이여, 두 아들을 키운다는 자세로 남편을 돌보아라! 심리학자의 연구 결과를 보아도 남자가 강한 것 같지만 심리적으로 더 기대고 싶어하고 여자보다 더 칭찬 받기를 원한다고 한다. 잔소리와 바가지로는 나쁜 습관이 절대 고쳐지지 않는다. 상대의 약점과 결점을 보지 말고 장점만을 보기로 결심하자. 남편을 존경하며 칭찬하고 격려하면 남편의 장점은 계속 개발되기 때문에 약점과 단점은 자연스럽게 고쳐지게 된다. 남편을 있는 그대로 인정하고 격려해 주자.

오늘도 남편들은 '사회'라는 전쟁터에서 탈진하고

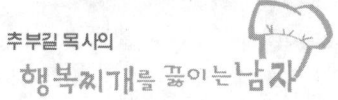

있다. 아내들이여! '경우에 합당한 말은 아로새긴 은쟁반에 금사과' 라는 잠언 말씀도 있지 않은가? 경우에 합당한 칭찬과 격려는 풍성한 부부의 삶을 보장받는 첩경이다. 힘들어하는 남편들에게 보약을 주자. 칭찬과 격려라는 보약을 주자. 남편이 이 보약을 먹고 힘이 철철 넘치면 몇 배의 힘을 붙여 아내에게 돌아오게 된다. 칭찬할 거리가 없는가? 지금 당장 상대의 좋은 점 20가지 이상을 찾아 적어 보자. 연애 시절부터 지금까지 좋았던 남편의 20가지 장점을 회상해 보라. 남편이 미남 탤런트보다 더 멋있게 보일 것이다.

'주라 그리하면 너희에게 줄 것이니 곧 후히 되어 누르고 흔들어 넘치도록 하여 너희에게 안겨 주리라(누가복음 6:38)'

적용 아내들이여! 오늘부터 칭찬의 보약을 지읍시다. 1주에 최소 3첩 이상 빠지지 말고 칭찬과 격려의 보약을 끊여서, 우리 가정에 그리스도의 사랑이 넘치게 합시다.

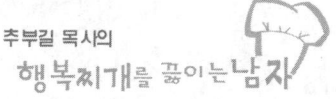

남자는 전기다리미, 여자는 장작불

하나님은 왜 이렇게 남자와 여자를 다르게 만드셨을까? 서로 다른 게 한두 가지가 아니다. 우선 생김새부터 다르지만 말하는 습관, 생각하는 것 등은 당연한 것이고 심지어 길을 잘 모를 때 나타나는 반응까지 참으로 너무나도 많은 차이를 보인다.

'성'에 대한 것 역시 남녀가 너무나도 다르다. 그 중에서 하나가 성적 반응 곡선이다. 우리는 '성'하면 당연히 남자의 전유물인 듯 쉽게 생각한다. 남자를 위해 창조된 듯한 그러한 느낌을 받는다는 것이다. 그래서 성은 남자가 'enjoy'하는 것이라는 착각마저 들게 만든다. 과연 그럴까? 다시 말해서 하나님께서 성을 남자 위주로 디자인하신 게 과연 맞는 말일까? 그런데

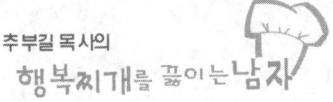

성적 반응 곡선을 알게 되면 이러한 가설은 산산히 부서져 버린다.

남자는 성적인 충동을 느끼고 나서 사정 또는 오르가즘에 이르는데 2~3분이면 족하다. 또 그 감정이 식어져 내리는데도 1~2분이면 끝이다. 금방 뜨거워졌다가 바로 식어버리는 본성을 가졌다는 것이다. 그래서 남자들의 성을 가리켜 '전기 다리미' 또는 '백열전구'라고 부른다.

그런데 여자들은 성 관계를 가지고 싶다는 생각을 갖고 나서도 오르가즘에 오르는 시간은 무려 20 - 30분 정도나 걸린다. 쉽게 발동이 걸리지 않는다는 것이다. 마음 문이 열려도 몸이 열리는데 기본적인 시간이 걸리기 때문에 부부가 하나 되는 진정한 기쁨을 누리기 위해서는 어쩔 수 없이 아내의 몸이 완전히 열려 오르가즘 수위에 도달할 때까지는 기다려야 한다는 것이다.

 부부가 그렇게도 많은 성관계를 가지면서도 희열을 느끼지 못하는 것은 이러한 성의 커브를 이해하지 못하는 데서 비롯되는 경우가 많다. 즉, 아내는 아직 산 중턱에도 이르지 못했는데 남편 혼자 정상에 올랐다고 '야호!' 하고 소리치고 내려오는 경우가 많다는 것이다. 결국 아내는 거의 재미를 못 느꼈는데도 남편은 저 혼자 좋다고 낄낄대는 형국이다. 거기에다가 아내는 그 뜨거운 마음이 사라지는데도 상당한 시간이 걸린다. 그런데 남편은 자기 혼자 산에 올라갔다 오더니 그냥 등 돌리고 코를 곤다. 그럴 때 아내들이 느끼는 절망감이란 이루 말할 수 없다. 자신은 결국 '육체적인 노리개감밖에 안되나' 하는 비참한 마음까지도 갖게 되는 것이다. 장작불은 타기는 어렵지만 한번 타고 나면 오래 지속된다는 것을 모르기 때문에 그런 일들이 벌어지는 것이다.

 그렇다면 어떻게 해야 할까? 우선 남편은 아내가 산

의 정상에 올라갈 때까지 인내함으로 기다려주어야 한다. 그 시간을 '전희(Foreplay)'라고 부른다. 다시 말해서 아내의 마음 문이 열리도록 남편은 최선을 다해야 한다는 것이다. 꼭 아내의 몸을 애무하는 신체적인 접촉만이 중요한 것은 아니다. 이 때 남편은 아내의 마음에 사랑을 속삭이는 말을 해 주는 것도 아주 좋은 방법이다. 사실 이 전희는 성관계를 갖는 그 시간만이 아니라, 아침에 눈을 뜨는 그 시간부터 시작된다. 평소의 삶에 있어서 부부간에 사랑이 오고가는 의미있는 시간이 이어졌다면 성관계 전의 전희는 아주 짧을 수도 있다. 그러나 평상시의 삶이 문제가 있었다면 성관계 전의 전희가 아무리 길다할지라도 결코 하나 되는 즐거움을 누리지 못한다는 것이다.

성관계가 끝난 후에도 남편의 봉사와 섬김이 필요하다. 아내의 몸이 서서히 식어가기 때문에 그 시간 역시 남편이 아내와 함께 사랑을 속삭인다든지 성관계에

대한 느낌을 나누는 등의 '후희(After Play)'가 필요하다는 것이다.

  결국 이러한 성의 원리를 알고 나면 성이라는 것이 결코 남성 위주가 아님을 알 수가 있다. 오히려 여자 위주로 디자인된 천혜의 선물이라는 것이다. 만약 이 세상에 부부간의 성이 없다면 무슨 재미로 살아갔을까? 그만큼 귀한 것이기에 잘 알아서 제대로 활용해야 되지 않을까? 우리는 '헌신(獻身)'이라는 말을 자주 쓴다. 그런데 부부간에도 진정으로 하나가 되기 위해서는 서로에 대한 헌신이 필요하다. '나의 몸을 상대방에게 온전히 주는 것'. 그것이 곧 결혼의 원리가 아닌가? 최선을 다해 헌신하자. 그럴 때 부부간에는 진정한 하나됨을 누릴 수가 있을 것이다.

적용 진정한 하나됨을 위해 서로의 리듬을 잘 이해하는 것이 중요합니다. 잊지 마세요. 남자는 전기다리미, 여자는 장작불!

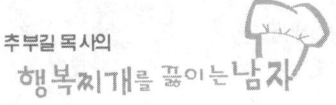

나이가 들면 할 수 없나요?

우리나라의 50대들에게 '일년에 몇 번이나 성생활을 하는가?'라고 질문하면 뭐라고 대답할까? 만약 60대나 70대들에게 질문을 한다면? 대체적으로 나이가 들면 들수록 부부의 성생활은 거의 사라지고야 만다. 왜 그럴까? 다른 나라의 사람들도 그러할까? 하나님은 이렇듯 50대 초반 정도까지만 성생활을 하도록 창조하셨을까?

결론부터 말하자면 전혀 그렇지 않다는 것이다. 우리들은 이 땅을 떠날 때까지 나이가 어떠함에도 불구하고 부부간에 성생활을 할 수 있도록 창조되었다. 그럼에도 불구하고 우리들은 그저 나이가 들기만 하면

해서는 안되는 것으로 치부해 버린다. 아마도 전통적인 유교의 사상 때문이 아닐까 생각해 본다. 즉, '나이가 들면 점잖아져야 하고, 체면이 있지 어떻게 점잖지 못하게 그런 것을 밝히는가?' 하는 생각 때문이 아닐까? 그래서 나이가 조금만 들어도 남편이 성관계를 요구하면 "이 사람이 점잖지 못하게 왜 그래요? 이 양반이 나이를 헛먹었나? 뭘 추근대는 거예요?", "아이구, 아이들이 알까 무섭네. 주책 좀 그만 부리세요" 이런 말들이 자연스럽게 튀어 나온다. 이러한 생각이 바른 것일까?

인생에 있어서 성적 에너지 곡선을 살펴 보면 30대에서 40대 초반에 남자와 여자 사이의 에너지 차이가 가장 크다가, 나이가 들면서 그 차이가 다시금 줄어드는 성향을 볼 수 있다. 이는 곧 부부간에 하나만 된다면 그 가운데 있는 '부부의 사랑'이 자극제가 되고 윤

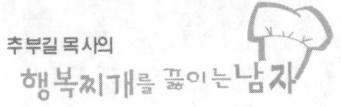

활유가 되어 얼마든지 성적 즐거움을 누릴 수가 있게 된다. 성경 전도서에도 보면 "하늘 아래서 허락받은 덧없는 인생을 아내와 함께 끝날까지 즐기며 살도록 하여라. 이것이야말로 하늘 아래서 수고하며 살아있는 동안 네가 누릴 몫이다"라고 말씀하신다.

그렇다. 나이를 먹는다는 것이 부부의 성적 즐거움을 가로막지는 못한다. 이 비밀을 알아야 한다. 인생의 사이클로 보더라도 중년이 넘어서면서 폐경기를 지나다보면 인생은 마치 가을의 스산함으로 접어드는 듯한 어두운 감정을 느끼게 된다. 하지만 이제는 성 관계를 갖더라도 아이를 낳을 염려도 없이 다시금 신혼으로 돌아가서 '제3의 인생'을 즐길 수가 있는 것이다. 즉, '제2의 인생'이 결혼을 통해 거듭나는 것이라면 '제3의 인생'은 자녀를 떠나보내고 폐경기를 지나면서 새로운 인생의 전환기를 맞게 되는 것이다.

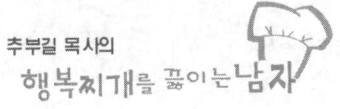

 미국인들에게 바로 그 점을 질문한 적이 있다. 통계적으로 나타난 바에 의하면 대다수의 미국인들은 나이가 들면 들수록 또 다른 성적 즐거움을 누린다고 한다. 더불어 부부간에 성관계를 갖는 횟수도 약간 줄어들기는 하지만, 90이 넘어도 여전히 유지되고 있다고 보고 되고 있다. 이것이 무엇을 말하는 것일까? 우리들의 신체는 어느 부분이든지 사용하지 않으면 퇴화되도록 되어 있다. 부부간에 성관계를 아예 갖지 않는다면 그 기능 또한 퇴화되어 버린다. 그래서 나중에야 이 사실을 깨닫고 다시 시도하려고 해도 문제를 가져오게 된다. 그래서 규칙적인 성생활을 강조하는 것이다.

 하나님께서 이 땅을 살아가는 부부들에게 주신 축복 중의 하나가 바로 '성'이며, 이것은 부부를 하나 되게 묶어주며, 관계를 회복시키는 아주 중요한 매개가 된

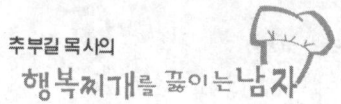

다. 이 소중한 선물을 우리가 바로 알고 잘 써야 할 것이다.

적용 나이는 성생활에서 별로 중요하지 않으며 오히려 하나 된 마음이 훨씬 소중하다는 것, 아셨지요? 성생활은 부부 사이에 인생의 즐거움을 만들어내는 비결이 됩니다. 풍성한 성생활을 위해 준비하는 하루가 되시길 바랍니다.

5 아버지!
오랫만입니다

너무 바쁘다보면 하나님을 만날 시간도 없어진다. 그럴때 하나님께서
우리에게 똑같은 말씀을 하실지 모른다. "얘야 너 참 오래만이구나!"
바쁜 세상이지만 정신 차리고 살자. 무엇이 중요한 일인지 분간하며
살자. 그것이 행복하게 살아가는 첫걸음이다.

추부길 소장의
행복찌개를 끓이는 남자

아버지, 오랜만입니다!

 직장에서도 교회에서도 촉망받는 집사님이 있었다. 평일에는 회사일로 너무너무 바쁘고 주일에는 교회일로 동분서주하는 그런 분이었다. 무슨 일이든지 최선을 다해 할 뿐더러, 맡겨진 일이라면 열과 성을 다하는 사람이었다. 원래 '일'이라는 것은 열심히 잘하는 사람에게 따라다니는 법이다. 당연히 회사에서도 그렇고, 교회에서도 그렇고, 중요한 일은 김 집사에게 넘어왔다. 게다가 일처리 능력이 있어서 얼마나 빨리 빨리 처리하는지 하여간 날마다 일에 파묻혀 살았다. 문제는 그러다보니 집안일에는 등한히 하게 된다는 점이었다. 거의 대부분 한 밤중이 되어서야 집에 들어온다. 아이들 얼굴은 잠자는 모습 외엔 주일 아침에 잠

깐 보는 게 전부였다.

그러던 어느날 고등학교 2학년에 다니는 아들이 아침에 아빠를 쳐다보면서 "아버지, 오랜만입니다!"라고 인사하는 거였다. 순간 김 집사는 충격을 받았다. 사실 자기도 오랜만에, 정확히 따지자면 일주일 만에 아들을 공식적으로 보는 것이기는 하지만, 그래도 '오랜만'이라는 생각은 들지 않았다. 왜냐하면 날마다 아들 생각을 하고 사는데다가, 자는 모습이라도 한번씩은 보았고, 항상 마음속에 있다고 생각했으니까 '오랜만'이라는 단어는 전혀 자신하고는 관계가 없었던 것이다. 그 아들에게서 '오랜만'이라는 소리를 들으니 정신이 번쩍 든 것이다. 아들의 반가운, 그러나 반은 섭섭한 인사 소리에 소스라치게 놀라면서 고개를 든 아버지는 "으~응, 그래!"하면서 대충 얼버무리고 말았지만 내내 마음 한구석에 아들의 그 말이 남아 있었다. 아들을 교회 보내고 나서 김 집사는 아내에게 말

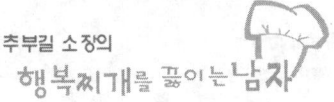

했다. "여보, 아들놈이 나보고 뭐라고 그러는지 알아? 세상에, '오랜만입니다' 그러잖아? 여보, 나 충격 받았어!" 아내는 이렇게 말을 했다. "당연한 것 아니예요? 오랜만에 봤으니까 오랜만이라고 했겠지요. 나도 가끔은 당신 얼굴 볼 때 정말 오랜만이라는 생각이 들 때도 있는데요?" "당신은 날마다 얼굴을 보면서 뭐가 오랜만이야?" "여보, 생각해 봐요. 매일 밤 12시나 1시, 맨 정신에 기분 좋게 당신 얼굴 제대로 본 적 있어요? 아침에는 눈 뜨자마자 출근해 버리고 우리가 교회 안다닌다면 주일이라고 얼굴이나 제대로 봤겠어요?" 김 집사는 주일인데도 내내 마음이 무거웠다. '아, 내가 정말 오랜만에 아들 얼굴을 봤었구나!' 그날 저녁 웬만한 약속, 이를테면 자신이 꼭 참석하지 않아도 될 약속은 다 취소를 하고 온 식구를 소집했다. 그리고 차에 태우고 오랜만에, 그야말로 오랜만에 외식을 했다. 아들 녀석의 좋아하는 모습은 오랫동안 김

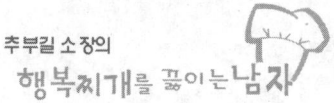

집사의 눈을 감동시켰다. 그리고 속으로 다짐했다. 앞으로 가족들을 위한 시간을 미래를 투자하는 심정으로 만들어 가겠노라고….

너무 바쁘다보면 하나님을 만날 시간도 없어진다. 그럴 때 하나님께서 우리에게 똑같은 말씀을 하실지 모른다. "애야! 너 참 오랜만이구나!"

김 집사의 아들은 지금 하나님의 이 음성을 대신해 주었던 것이다. 바쁜 세상이지만 정신 차리고 살자! 무엇이 중요한 일인지 분간하며 살자! 그것이 행복하게 살아가는 첫걸음이다.

적용 나는 어떠합니까? 나도 이처럼 바쁜 아빠는 아닙니까? 가족들, 특히 자녀들을 위해 먼저 '의도적으로' 시간을 내보지 않겠습니까?

내 마음을 봐 주세요

"생긴 것은 꼭 지 에미 닮아 가지고…."

나의 아버지는 참으로 잘 생기신 분이셨다. 반면에 어머니는 키가 크시기는 하나 얼굴이 미인쪽에 속하는 편은 아니었다. 그런데 내가 뭔가 아버지 마음에 들지 않는 행동을 할 때마다 아버지께서는 못마땅한 얼굴을 하시면서 나에게 그렇게 말씀하셨다. 나는 그 말을 자라면서 귀에 못이 박히도록 들어왔다. 아버지야 뭐 그런 말을 악의로 하셨겠는가? 그러나 그 말은 폐부 깊숙이 찾아와서 나를 지배하게 되었다. '얼굴도 못생긴 주제에' 무슨 일인들 자신있게 할 수가 있었겠는가? 친구들을 사귀는데도 문제가 생겼다. '저 자식들은 분명히 나를 깔보고 무시할 텐데…' 하는 생각이 언제나

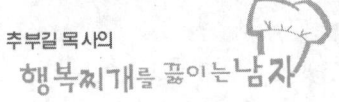

나의 머리를 지배하고 있었다. 친구들 몇 명이 모여서 서로들 이야기하고 있으면 '저 자식들 또 내 얘기 하는구나. 무슨 흉을 저렇게들 신나게 보는 거야?' 이런 저런 일로 괜히 혼자서 속상하고, 삐지는 일들이 자주 생겨났다. 고등학교를 다니면서도 모자를 푹 눌러쓰고 다녔고, 다른 사람들하고 많이 어울리기 보다는 그저 혼자서 보내는 시간이 많았었다. 이러한 어둡고 캄캄한 생활이 대학 다닐 때까지 이어졌다.

많은 부모들이 지금도 자녀들의 가슴에 못을 박는다. 별 생각도 없이 쉽게 던진 그 말 때문에 자녀의 삶에 엄청난 파문을 일으키게 된다. 부부간에도 마찬가지이다. 대체적으로 남편들은 말을 함부로 한다. 행동도 별 생각없이 해 댄다. 그러나 그 말과 행동 때문에 '더 연약한 그릇'(베드로전서 3:7)인 아내의 마음이 산산조각난다는 것은 별로 의식하지 않는 듯싶다

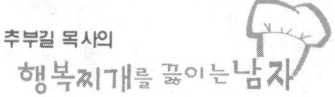

어느 날은 아내가 "당신, 언젠가 제게 했던 그 말이 너무나도 내 가슴을 아프게 했어요"하고 말을 하는데, 정작 말을 했다는 당사자인 나는 그 말을 했던 기억이 전혀 없었다. 아내가 말을 지어서 할 리가 없지만, 아내의 가슴에 못이 박혀 있는 모습을 보고 얼마나 당황했는지 모른다.

하나님께서 왜 남자와 여자를 만나게 하셨을까? 하나님께서 그렇게 짝을 지어주신 중요한 이유 중의 하나는 '독처하는 것이 좋지 않아서'였다. 누군가가 곁에 있어서 위로해 주고 감싸주며, 하나님이 우리에게 보여주신 그 사랑을 몸으로 실천해 보도록 원하셨다.

그런데 지금 우리 부부들의 모습은 어떠한가? 서로의 가슴에 못을 박는다. 가슴을 콕콕 찌르는 말을 함부로 해대며, 상처를 준다. 한을 남긴다. 그럴 때마다 배우자의 마음에 있는 그 연약한 그릇은 깨어지고 흠이 나며 찌그러진다. 그러면서 부부의 사랑도 사라지

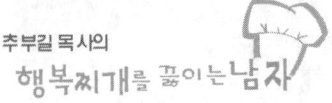

고, 심지어 하나님과의 관계도 흐트러지기 시작한다.

남편에게, 그리고 부모에게 사랑받지 못한 상대자는 자신이 사랑받을 가치가 없는 존재라고 생각한다. 그렇게 자신을 스스로 비천하게 여기면서 그 마음의 그릇은 왜곡되고 깨어져가는 것이다. 부모로부터, 친구들로부터, 선생님으로부터, 그리고 중요한 타인들로부터 손상된 이 마음의 그릇은 좀처럼 회복되지 않는다. 그러면서 그 사람들의 마음밭은 길바닥으로, 가시덤불로, 돌밭의 마음으로(누가복음 8:4-8) 변해 버린다. 그러니 하나님의 말씀이 그들의 마음에서 살아 역사하지를 못하는 것이다.

지금 내 배우자의 마음을 살펴보자. 육신의 눈이 아니라 영의 눈을 떠서 사랑의 마음을 담고 바라보자. 인간적인 눈으로 보면 못난 점, 미운 점만 보인다. 그러나 영의 눈을 떠서 쳐다보면 긍휼의 마음이, 사랑의

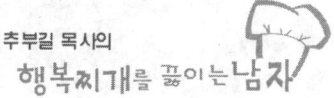

마음이 가슴 속 깊은 곳에서부터 배어 나온다. 그것이 바로 주님이 주시는 마음인 것이다.

적용 지금 내 자녀의 마음을 묵상해 봅시다. 혹시 나로 인해 마음의 그릇이 상해있어서 그 마음 가운데에 슬픔의 마음, 분노의 마음이 가득 차 있지는 않습니까? 마음의 눈을 떠서 바라보고, 깨어지고 상처난 마음을 어루만져 줍시다. 그것이 하나님께서 우리 가정에 원하시는 사랑의 마음입니다.

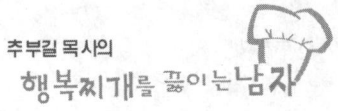

아이 방을 치울 때마다 화가 나요

 잘 아는 어느 집사님이 어느 날은 짜증 섞인 어투로 자신의 자녀 흉을 보고 있었다. 도대체 이해가 안간다는 것이었다. 중학교 2학년인 딸아이가 그렇게도 방을 정리할 줄 모르고 어질러 놓는다는 것이다. 볼 때마다 야단치고 잔소리를 해도 치울 줄도 모르고, 자신이 화를 내면 딸아이는 더 신경질을 부린다는 것이다. "누가 내 방 치우라고 했어?" 그러면서 말이다.

 어느 날 아침, 이 집사님이 거실을 치우고 딸아이의 방문을 열어 보니 가관이 아니었다. 어제 저녁에도 방 좀 치우라고 말을 했건만 딸아이는 보는 책들을 모두 다 방바닥에 엎어 놓고, 또 몇 권은 책상에다 어질러 놓았더라는 것이다. 그뿐만이 아니었다. 자주 듣는 음

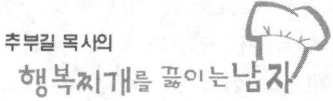

악 CD들은 침대위에 몇 개, 피아노 위에 몇 개, 방바닥에 또 서너 개 하는 식으로 굴러 다니더라는 것이다. 화가 나서 '들어오기만 해 봐라. 내가 이것을 그냥 두나!' 하고 씩씩거리면서 깨끗하게 치워 놓았다.

그런데 그 날 오후. 아이가 자기 방문을 열더니 화를 벌컥 내더라는 것이다. 아니 지금 화를 내도 누가 내야 하는데 '무엇 뀐 놈이 화를 낸다'고 오히려 딸아이가 화를 내고 있는 것이다. 어이없어 하는 엄마를 보면서 "누가 이렇게 치우라고 그랬어? 공부를 엄마가 하는 거야? 아이구, 짜증나! 도대체 엄마는 도움이 안돼!" 딸아이가 화를 내는 데는 그만한 이유가 있었다. 온 방에 어질러 놓은 것 같지만 자기가 찾기 쉽도록 나름대로 질서가 있다는 것이다. 그렇기 때문에 엄마가 깨끗하게 정리해 놓으면 오히려 책 찾는데도 한참 걸리고 그래서 짜증이 난다는 것이었다.

아이들은 나름대로의 질서를 가지고 산다. 어른들의

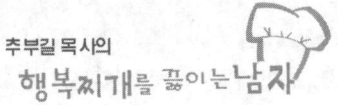

입장에서는 전혀 이해가 되지 않을 수가 있지만 그럼에도 불구하고 그 가운데 질서가 있다. 정신없이 어질러 놓은 것 같지만 그 가운데서 그 아이는 정신을 차리고 산다. 시끄럽게 라디오 들으면서 공부하는 아이를 부모들이 어떻게 이해할 수가 있겠는가? 그러나 그러한 것들은 이해하고 안하고의 선택적인 차원이 아니다. 그냥 받아들여야만 하는 의무사항이다. 그것이 지금의 시대이다. 부모인 내 수준에서 아이를 판단하지 말자. 그 아이의 눈높이가 필요한 것이다. 오히려 깨끗하게 정리가 되어 있으면 화가 나는 그 아이의 마음을 그냥 받아들이면서 살아야 한다. 자기 방을 어떻게 더럽혀 놓고 살건 그건 그 아이 마음이다. 그것이 인생에 있어서 생사를 가를 만큼 중요한 사항이 아니라는 것이다. 괜한 일로 화를 내면 우선 내 손해요, 또 그 화 때문에 관계까지 파괴하고야 만다. 진리에 관한 문제가 아니라면 이해하고 수용하며 받아주는 지혜가

필요한 때이다. 그것이 관계를 회복하는 중요한 지혜이다.

적용 오늘 자녀들의 방을 한번 살펴보시지 않겠습니까? 화부터 내지 마시고, 나름대로 질서를 가지고 살아가는 자녀들의 마음을 이해해 보십시오. 그리고 앞으로는 괜한 일로 화내지 않겠다고 다짐하십시오. 자녀에게도 앞으로 네 방은 스스로 치우라고 말씀하십시오. 자녀와의 관계가 행복해질 것입니다.

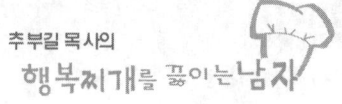

남편도 태교를 해야 한다?

 남편도 태교를 해야 한다? 이게 무슨 말인가 할 것이다. '말도 안되는 소리 하지도 말라'고 소리치는 사람이 있을지도 모르겠다. 그런데 남편도 태교를 해야 한다는 사실은 너무나도 정확한 말이다. 송강 정철의 시에 '아버님 날 낳으시고…' 라는 말도 있지 않은가? 아버지가 나를 임신했다가 어머니의 자궁에다 낳았다는 것이다. 이제 그 말을 증명해 보고자 한다. 남자에게는 생명의 씨앗인 '정자'라는 것이 있다. 그런데 이 정자가 하루아침에 만들어지는 것이 아니라는 것이다. 여자의 몸에 있는 남자와 만나게 되는 정자는 최소 2-3개월 전, 학자들에 의하면 74일전에 만들어진 것이다. 곧 남자도 정자를 만들기 위한 임신의 기간이 있

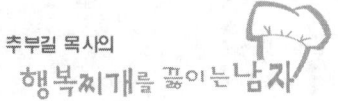

다는 것이다. 당연히 남자도 임신을 하는 것이므로 태교를 해야 한다는 말이다. 중요한 것은 이 정자의 크기는 0.06mm밖에 되지 않지만 그 조그마한 정자에 아버지의 모든 것이 다 담긴다는 사실이다.

나의 아들은 지금 대학생이다. 그 아이가 고3 겨울방학 때 얼굴에 있는 점을 빼달라고 부탁을 했다. 그간에 세심하게 보지 않았던 아들의 얼굴을 비로소 자세히 들여다보게 되었다. 세상에…. 아들의 턱에 있는 점, 그 점과 같은 위치에 아빠인 나도 점이 똑같이 있지 않은가? 이 신비를 어떻게 설명할 수 있을까?

최근 발표된 논문에 의하면 갓 태어난 아기가 태아 알코올 증후군을 가지고 있었는데 그 원인을 추적해 본 결과, 아내는 임신 중에는 물론이고 태어난 후 술을 먹어 본 적이 없는 사람이었다. 그렇다면 그 이유는 무엇일까? 바로 남편 때문이었다. 남편이 정자를 만들던 그 시기에 술을 취하도록 먹었었다는 것이다.

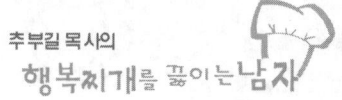

우리는 이러한 사례를 통해 또 다른 점을 추정해 볼 수 있다. 남편의 임신 기간 동안에 심한 스트레스를 받았거나 정서적으로 심각한 손상을 받게 되면 곧 정자에게 영향을 미치게 될 수 있다는 점이다. 임신 중의 아내만 태교를 해야 하는 것이 아니라 남편도 태교를 해야만 한다는 것이다.

그렇다면 태교를 어떻게 해야 할까? 심성이 고운 아이를 낳기 원한다면, 아버지인 내가 먼저 마음을 바로 해야 한다. 신앙이 없는 사람이라도 그때만큼은 간절한 기도가 필요하다는 것이다. 술 먹던 사람도 술을 삼가고, 평상시에 아내하고 관계가 좋지 않았던 사람도 좋은 관계를 유지하여야만 한다. 더불어 스트레스를 가능하면 적게 받도록 노력해야 한다. 마치 아내가 태교를 하듯이 좋은 책을 골라 읽도록 하고 좋은 음악도 듣기를 애써야 한다. 가장 좋은 것은 신앙을 갖는 것이다. 기도하는 마음을 유지하는 것 같이 좋은 태교가 없다. 신비스러운 생명 창조의 과정을 기대하는 마음으로 새 생명을 기다린다면 그러한 부모를 통해 태어나는 아이는 얼마나 심성이 맑을 것인가? 생각을 바꾸어야 한다. 남자가 먼저 태교를 해야 하는 것이다. 최소한 결혼하기 3개월 전부터는 마음가짐을 바로 해야 하고, 또 아이 낳을 계획을 가졌다면 곧바로 태교를 시작해야만 한다. 이런 의미에서 볼 때 부부싸움을 하고난 뒤나 술을 먹고 난 후 취한 상태에서 아내와 성관계를 갖는다는 것은 아예 좋은 자녀 낳기를 포기하는 것이나 다름없다. 갈등의 골이 깊었을 때 가진 성관계로 인해 임신이 된다면 그 아기는 원초적으로 문제를 갖게 된다는 사실을 알아야 한다. 기억하라. 남자도 태교해야 한다는 사실을….

적용 남편들이여! 나를 통해 정말 좋은 후손을 만들어 가야 하지 않겠습니까? 나를 통해 귀한 자손을 이어가기 위한 나만의 태교방법을 개발(!)해 봅시다.

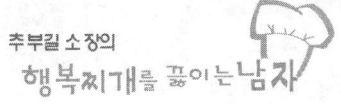

제왕절개, 이제 그만!

얼마 전 언론의 보도에 의하면 우리나라 산모의 40% 정도가 제왕절개 수술로 분만한다고 한다. '세계 최고'라는 이 비율은 우리의 가슴을 답답하게 만든다. 이 비율은 세계보건기구가 권장하는 절개율 10%를 4배 가까이 되는 것으로, 도대체가 이해가 가지 않는 엄청난 비율인 것이다. 이렇게 제왕 절개가 늘어나는 이유로 출산에 대한 산모들의 잘못된 인식과 병원측이 제왕절개를 유도하기 때문이라고 한다. 일부는 사주에 따라 정해진 일시에 당당하게 절개를 요구하기도 하고, 어떤 이는 미용상의 이유를 대는 산모도 있다고 한다.

참으로 딱한 일이다. 우리 한국가정사역연구소는 오

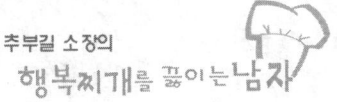

래전부터 '제왕절개 안하기 운동', 긍정적으로 말하자면 '자연분만으로 아이 낳기 운동'을 펼치고 있다. 이러한 운동을 하는 이유는 우선 제왕절개가 산모에게 아주 좋지 않은 후유증을 남긴다는 점을 들 수 있다. 제왕절개는 산모의 건강회복을 지연시키고 모유 수유를 막기도 한다. 거기에다가 폐렴, 기관지 경련, 저혈압같은 마취합병증으로 인한 후유증이나 감염 출혈 요도 외상을 불러오기도 한다. 미국의학협회지의 자료만 봐도 합병증이 자연분만보다 2배 이상 높고 분만 사망률은 4배 정도나 되는 것으로 보고하고 있다.

우리가 제왕절개를 반대하는 이유는 또 하나가 있다. 바로 자녀에게 미치는 영향 때문이다. 제왕절개를 하기 위해 엄마의 배에 칼이 대어질 때 태아는 죽음의 공포를 맛본다. 당연히 엄청난 스트레스를 받게 되는 것이다. 그래서 제왕절개를 통해서 태어난 아이들이 공격성이 훨씬 강하다는 보고가 있는 것이다. 이 아이

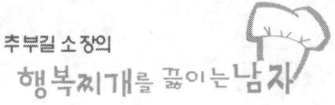

가 자라나면 누군가를 공격하고 싶은 충동이 자꾸 일어난다는 말이다. 그래서 부모에게도 칼을 드미는 것일까?

뿐만 아니다. 양수에서 곧바로 건져낸 태아는 폐속의 이물질을 꺼내기 위해 아이를 뒤집어들고 때린다. 그리고 호스를 입안 깊숙이 넣어 이물질을 빼내게 된다. 그럴 때 아이가 느끼는 고통이란 이루 말할 수 없다. 거기에다가 자신을 반겨줄 줄로 알았던 엄마는 마취의 영향으로 아이가 태어난 줄도 모른다. 그리고 아이는 2-3일 동안 격리되어 있다. 이때 아이가 느꼈을 배신감, 좌절감, 고독을 어찌 다 표현할 수 있을까?

특별히 자녀를 위해서라면 목숨까지도 바칠 각오가 되어있는 한국 사람들이 이 사실을 안다면 어떻게 대응할까? 부모의 욕심에 자녀의 심성이 피폐되어간다는 생각은 조금도 하지 않는다.

 자, 지금부터라도 분명히 알자. 자녀의 미래는 산모인 엄마에게 달려 있다. 태교가 너무나도 중요하다는 것은 다 아는 사실이다. 뱃속에서의 태교를 마무리하는 것이 출산이다. 그런데 그동안 아무리 좋은 태교를 해왔다 할지라도 마무리가 제왕절개로 끝난다면 그 동안의 수고가 다 허사가 되고야 만다.

 하나님께서는 분명히 자연분만을 통해 아이를 낳도록 디자인하셨다. 그것이 가장 좋은 방법이기 때문이다. 그렇게 아기를 쉽게 나오도록 할 목적이었다면, 배꼽이라도 스위치 누르듯이 누르면 자동 출산되도록 만들 수도 있지 않았겠는가?

 생명을 창조한다는 사실은 지금 내가 하나님의 사명을 대신 감당하고 있다는 숭고한 생각을 하여야 한다. 나의 의지, 나의 편의가 아니라 하나님의 뜻을 생각해

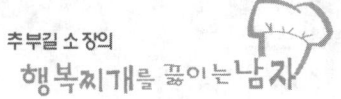

야만 한다. 그것이 정말 좋은 자녀를 낳는 비결인 것이다.

적용 주위 사람들 가운데 제왕절개를 하려고 마음먹는 사람이 있다면 제발 하지 말라고 권면하시지 않겠습니까? 그리고 이미 제왕절개로 아이를 낳았다면 그 아이를 더욱 더 사랑해 주시구요, 날마다 나는 너를 사랑한다고 말씀하시기 바랍니다.

추부길 목사의
행복치개를 꿇이는 남자

가까이 하기엔 너무 먼 '시부모'?

요즘 결혼 적령기의 젊은 세대들의 생각은 '장남과는 결혼하지 않겠다' 또는 '장남과 결혼하더라도 부모를 모시지 않겠다'는 비율이 압도적 다수임을 언론에서 보도한 바 있다. 그것이 세태인지도 모른다. 둘이 즐겁게 살면 그만이지 둘 사이에 이물질(?)이 끼는 것은 행복을 파괴하는 좀벌레 정도로 취급해서 그런 것은 아닌지.

부모 없는 자식은 없는 법인데, 갈수록 부모가 설 자리는 좁아드는 듯 싶다. 시부모가 집을 방문하는 것 자체를 꺼려하는 '현대판 고려장'이 횡행하고, 그것을 야단치는 것은 요즘 세대를 이해하지 못하는 것이라 탓한다.

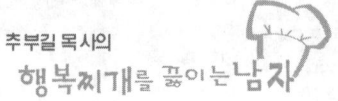

그러나 가족이란 것이 결혼한 단 둘의 당사자만을 일컫는 것은 결코 아님은 확실하다. TV 드라마의 3대 살림살이 속에서 터져 나오는 웃음을 보면서 그저 재미있기는 하나, 나와는 상관없는 '연속극'으로 치부한다. 과연 그럴까?

갓 결혼했을 때 아내가 그랬다. 시부모의 존재라는 것이 마음속에 큰 부담이 되었던 모양이었다. 아들에게 기대하는 바가 크기도 했지만 사사건건의 간섭이 아주 못마땅했던 모양이었다. 속마음을 숨기지 못하는 아내는 싫은 내색을 그대로, 그것도 시골에 계신 시부모에게 전화를 통해서 그대로 토설하곤 했다. 그러면 그 후유증은 아들인 내게로 해일같이 덮쳐 왔다. "다 이게 자식 잘못 둔 탓"이라고 그리고 "장가가더니 각시 치마폭에 싸여서 어찌할 바를 모른다"고, 속마음을 말하지 못하는 나로서는 이것이 바로 부부 갈등의 요소가 되었고 '정 그렇다면 부모와의 연을 끊을 수밖에

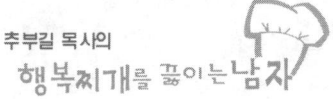

없지 않나…' 하는 생각도 들었고 어쩔 때는 '확 이혼해 버려?' 하는 오기도 불쑥 솟아나기도 했다. 그 아내가 지금은 부모님과 같이 살자고 하기도 한다. 모를 일이다. 도대체가 모를 일이다. 그 부담스러웠던 시부모의 존재가 왜 이리 '가슴속 깊이 다가온 친부모'로 바뀌었을까?

결혼은 당사자 둘만이 하는 것은 아니다. 사실 한 침대에 6명이 잠을 자는 것이나 다름없다. 다시 말해서 여자가 결혼하면 남편 될 남자와만 결혼하는 게 아니라 그 사람의 자라 온 과거와도 결혼하는 것이고, 그 가족과도 결혼하는 것이라는 것이다. 남편의 자라 온 과거 없이 지금의 남편이 있을 수 없고, 부모 없이 지금의 남편이 있을 수 없기 때문이다. 남편이 사랑스럽다면 그 가족까지도 좋아져야 하는 게 당연한 것이 아닐까? 부부 관계란 참으로 묘한 것이다. 부부 관계가 상하면 그 영향은 바로 가족 모두에게 영향을 미친

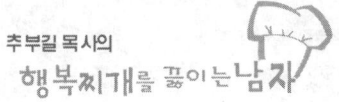

다. 자녀에게 일차로 파도를 일으키고 부모와의 관계에도 바람을 일으킨다. 깨어진 부부 관계는 또 다른 삶에도 영향을 미친다.

우리는 지금 관계의 사슬 속에서 살고 있다. 부부로 인해 맺어진 사슬, 부부이기 때문에 공유할 수밖에 없는 끈끈한 사슬 속에서 우리는 숨쉬고 있다. 어느 한 쪽이 흔들리면 부부는 함께 위기의 길로 빠져 들게 된다. 그것은 부부는 마음을 공유하기 때문이다. 가끔은 배우자에게 미운 감정이 들지도 모르겠다. 그 감정 때문에 가족과의 관계가 허물어진다면 이 얼마나 엄청난 비극인가?

부부들이여, 하나가 되자. 배우자와의 하나는 물론이요 속한 가족과도 하나가 되자. 그것이 행복을 찾는 지름길이 될 것이다.

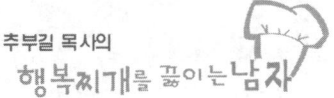

잊지 말자. "누구든지 자기 친족, 특히 자기 가족을 돌아보지 아니하면 믿음을 배반한 자요 불신자보다 악한 자"라는 사실을….

적용 배우자와의 관계가 나빠짐으로 인해서 시댁, 혹은 처가에 가기 싫은 분은 없으십니까?
배우자의 가족과도 하나가 되도록 '사랑의 통로'가 될 구체적이고 아름다운 방법을 찾아보시지 않겠습니까?